ネットリンチが当たり前の社会はどうなるか?

仲正昌樹
Masaki Nakamasa

KKベストセラーズ

ネットリンチが当たり前の社会はどうなるか?

まえがき

KKベストセラーズから『人はなぜ「自由」から逃走するのか』を出してからほぼ四年が経《た》った。当時は、人と人が街中で会ってしばらく会話を続ければ、ほぼ確実に新型コロナ問題が話題になった、というか、話題にせざるを得なかった。ウィルスを怖れているのか、周りの人の目を怖れているのか分からない緊張感が至る所にあり、コロナに感染してなくても息がつまりそうだと感じていた人は、少なくないだろう。

メディアやネットでは普段リベラルで通っている知識人たちが、個人の行動の自由を大きく制限する緊急事態宣言を待望し、それに反対する人たちを、人間性に欠陥がある輩《やから》だと非難した。シュミット、フロム、アーレント、フーコーのテクストに出てきそうな話が次々と現実になっていった。従来の感染症との致死率の違いがさほど明らかになっていないのに、恐怖心と猜疑《さいぎ》心でこれほど人間の行動パターンが変わるのだから、何がきっかけで、本当の全体主義体制になるか分からない、としばしば思った。

ようやくコロナ騒ぎが終わると思ったら、安倍元首相の暗殺事件を機に、「旧統一教会問題」が急浮上した。三十年前に信者をやめた私にはあまり関係ないだろうと思っていたら、いくつかのメディアでコメントを求められた。私は自分が知っているままを客観的に語ろうとしたのだが、視聴者はそんなものを求めていなかったようで、ネットで随分ひどいことを言われた。旧統一教会（以下、旧を省略）が自民党を影で支配するディープ・ステイトだという陰謀論を証明ずみの事実であるかのように語る人たちが勢いを増していった。もう自分とは縁のない集団であり、正直言って、観察・研究対象としてもそれほど魅力的とも思っていなかったので、教団が衰退しようと、自然消滅しようと構わないのだが、あり得ない陰謀論や、マインド・コントロール（MC）をめぐるSF的な妄想に基づいて、解散させられるのは黙って見ていられないので、いろいろ発言しているうちに、宗教というものを分かっていない反統一の人たちから、MCが解けてない人間、現役信者扱いされるようになった。

身内に信者のいない普通の人にとって、「統一教会問題」はもはやエンタメでしかないだろうが、私にとっては、ずっと「緊急事態」が続いているような感覚だ。大学の定年が近いこともあって、絶えず、何かに追い立てられているような気がする。考えてみると、統一教会をやめてからずっと、何かに追い立てられるような気分で生きてきたような気がする。平凡に優等生的に生きようとしても、いつの間にか騒ぎに巻き込まれてしまう。

ここに収められている論考は、そうした慌《あわ》ただしい四年間に、ＫＫベストセラーズの編集者と相談しながら、「ＢＥＳＴ　Ｔ！ＭＥＳ」に不定期連載してきたものだ。論考によって書きぶりがかなり異なるのは、その話題に対する私自身の関わり方に濃淡があるためだ。

二〇二四年五月

仲正昌樹

目次

第5章 「影の支配者」幻想に取り憑かれた人々 177

第1章 「ナチ・プロ」の正体

1

「ナチス」について少しでもポジティヴに語ると異端審問する人たち

「正義の味方」のふりをする人たち

『検証　ナチスは「良いこと」もしたのか？』という岩波ブックレットが発売されたのを機に、「ナチスは良いこともした」、と受け取られる発言をすると、この共著ブックレットの著者の一人の信奉者と思われる人たちから、ネット上で集中攻撃され、「お前は、ナチスを肯定するネトウヨだ」、と人格攻撃される事態がたびたび生じている。私も少し前に、被害にあった。「別にナチはなかなかいいところがある、と言いたいわけではない。神でもないのに、ナチスは一切良いことをしなかった、という主張を受け入れるか否か、他人に二者択一の選択を突き付けるような行為がおかしい、と言っている」と説明しても、彼らは聞く耳を持たず、「お前それでも大学教授か」「こんな程度か」「これで全体主義の解説本書いているなんて、ヤバい」、と私が嫌がりそうな、ありとあらゆる罵声《ばせい》を浴びせかけてくる。彼らは一体何のために、こういう「反ナチ」活動をしているのか。こういう言動がどうして変なのかを改めて考えてみた。

念のためにもう一度言っておくと、私自身は「ナチスが何か良いことをやった」と主張したいわけでもないし、そういう主張を擁護《ようご》したいわけでもない。むしろ、そういうことを言う人とは距離を取りたい方である。私のナチスに対する好き嫌いの話ではなくて、「ナチスは何もいいことはやっていない」と言われて、「そうかな、いろんな側面を細かく分けてみれば、少しくらいはいいこともしているんじゃない」、という素朴な疑問を呈する人に対して、そういう発言を許さず、「お前は分かってない。これを読んで勉強しろ。そんなレベルで発言するな」、などと強要する

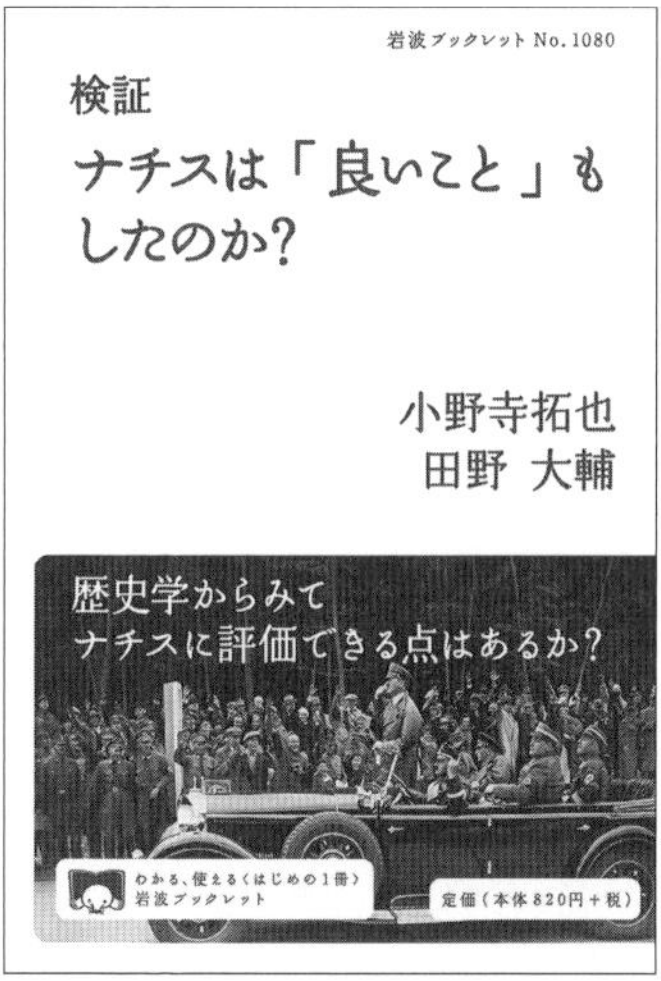

『検証 ナチスは「良いこと」にしたのか?』小野寺拓也・田野大輔著(岩波ブックレット)が話題に。

行為を問題にしているのである。

そして、そうした傲慢《ごうまん》な態度の〝根拠〟になっている、「ナチスは全く良いことをしなかった」という断定は、いかなる意味でも学問的な態度でなく、宗教めいている、とも言っておきたい。疑似宗教的な前提に基づいて、意見が違う（ように見える）人を集中攻撃して精神的に参らせ、黙らせるのが、真剣にナチズムについて学び、考えようとする人間のやることか。まるで異端審問《いたんしんもん》だ。

「ホロコーストの問題があるので、ナチス政権は全体として肯定的に評価できない」と、「ナチスは一切良いことをしない。絶対悪だ」は全く別次元の主張である。ナチ・プロ的な活動をしている人たちは、前者ではなくて、後者に拘《こだわ》る。無論、「ナチスは良いことをしない」が単なる言い回しで、実質的に前者と同じなら、目くじらを立てるつもりはない。また、世の中で言われているナチスがやった「良いこと」のことごとくを否定したいと思い、そういう意見を表明することは、それこそ本人の自由である。それを、キリスト教の教理問答のような形で、他人に強要しておきながら、正義の味方のふりをする態度が傲慢極まりないと言っているのである。

このように言うと、「お前はブックレットを読まないで批判している。ナチスがやるこ

1933年から1945年までドイツ国はナチズムの思想が強制される全体主義国家になった。

とが全て悪だとは言っていない」と騒ぎ出す連中がいる。「ナチスは「良いこと」もしたのか？」というタイトルは明らかに全否定を示唆《しさ》しているし、著者の一人の田野大輔君――彼が若手で、あんな尊大ではなかった時代を知っているので、こう呼ぶ――の信奉者たちは、そういう態度を取っている。ブックレットが異端審問の金科玉条になっており、彼自身がそれを煽《あお》っているふしがあることが問題なのだが、彼の信奉者がしつこいので、該当箇所を引用しておく。ブックレットの三頁に、以下のようにある。

「現代社会においては、ナチスには良くも悪くも『悪の極北』のような位置付けが与えられている。ナチスは『私たちはこうあってはならない』という『絶対悪』であり、そのことを相互確認し合うことが社会の『歯止め』として機能しているのである」

ナチスに対する批判が「社会の歯止め」であるというのであれば、私も同意するが、「絶対悪」とはどういう意味であろう。悪いことしかしない、善は一切やらない、ということではないのか。彼らはそんな深い哲学的意味で言っているわけではなく、気構えとして〝絶対悪と思う〟という程度のつもりで言っているのかもしれないが、肝心なところで、そういう曖昧《あいまい》な言葉使いをする感覚は私には受け入れがたいし、教祖様が「絶対悪」と言っているのに、それを無視して、そんなことはおっしゃってないと強弁する信者たちはどうかしている。「ナチスは良いことを一つでもしたか」を検証すると表明しておきながら、「絶対悪」がどういうものなのか明らかにしないのはダメだろう。

「絶対悪」は哲学的すぎて定義できないというのなら、肝心なところで、こんな宗教じみた言葉を出すべきではないし、少なくとも、自分たちが何をもって「善／悪」を判定しているのかを最初に明らかにすべきだが、このブックレットのどこにも判定基準は示されていない。

五頁では以下のように述べている。

「善悪を持ち込まず、どのような時代にも適用できる無色透明な尺度によって、あたかも『神』の視点から超越的に叙述することが歴史学の使命だと誤解している向きは多い。端的に言ってそれは間違いだし、そもそも不可能である」

その通りであるが、逆に、開き直って、勧善懲悪《かんぜんちょうあく》の判定をする歴史書も普通はないだろう。歴史家の価値観が記述に反映するのは致し方ないことだが、まともな歴史家なら、価値判断を前面に出すのなら、自分の判定基準を最初に示すはずだ。ましてや、ナチスが「良いことをした」という見解を全否定しようというのだから、自分の「善／悪」の判定基準を誤解のないよう、最初にはっきり示すべきだ。でないと、何を証明する本なのか分からなくなる。彼の信奉者たちはこの点を一切気にしていない。

ナチスの政策を判定する尺度は皆無

第四章～第八章にかけての、よく知られたナチスの政策の評価をまとめた部分についてはさほど違和感はない。従来から言われていること、歴史の教科書類に書かれていることをまとめ、比較的ナチス政権に対して厳し目の意見を強調する形で参照しているだけだからである。しかし、ナチスの政策がプラスなのかマイナスか判定する尺度はどこにも示されていない。ナチスの功績とされるものには、これだけ負の面があると指摘されているよ、と示唆しているにすぎない。基準の取りようによっては、「良いこともやった」と言えそうな記述さえある。例えば、四六頁では、アウトバーン建設の経済効果について、「効果は限定的だったと判断するのが妥当《だとう》だろう」と述べられているが、これは「良いことをしなかった」もしくは、むしろ「悪いことをした」ということなのだろうか。だったら、どれくらいの「効果」があったら、「良いことをした」ことになるのか、正解は何か、という疑問が出てくる。

私がこういう疑問を呈示すると、信者たちは、「答えは出ている。お前はレベルが低い」と騒ぐ。この人たちはどういう教育を受けてきたのか、と思う。

アウトバーンの雇用効果の正解は、経済学のプロに聞いても得られないであろう。いろんな前提条件があるので、はっきりした答えを出すのは無理だろう。それを素直に認めて、ポジティヴな面もあると言っている人と、焦点を絞って議論すればいいのである。「答えは示された。お前は遅れている。黙れ！」、というのはおかしい。

先ほど述べたように、歴史の叙述に、「善／悪」という概念を開き直るような形で持ち込むのは論外だが、どうしても「善／悪」について語りたいなら、対象を絞り込む必要がある。「ナチス」とは具体的に誰か、党か国家か。党の場合、一般党員やヒトラーに反逆した人まで含むのか、国家の場合、一般国民や公務員まで含むのか。あるいは、ヒトラー個人や幹部だけを指すのか。幹部という場合、どこまで含まれるか。

どの範囲（分野と時期）、どの側面（倫理的な視点、経済効率的視点、政治的視点、エコロジー的視点）、誰にとってかも、特定しないと意味がない。少なくとも、ナチスの国家運営には、ブックレットに扱われている以外にも、金融や司法、治安、国防、治水土木などの分野がある。「経済」に関係するあらゆる政策を「経済政策」と一つにまとめて、一九頁で全て語ったことにするのは乱暴すぎないか。いずれのポイントについても、◇◇には経済効果があったと言われているが、それは○○したおかげであり、それには△△の副作用が伴ったというような書き方になっている。正解は何なのかが示されていないので、「良いことはしていない」と証明されたとは思えない。

信者たちは、そんなのは難癖だ、そんな細かいこと言わなくても大体分かる、というのだろうが、その〝大体〟を根拠に、違う見方をする人を「ナチス肯定者」として責めるのだから、どうかしている。

「良い」という言葉を強引に定義すれば、「ナチス」は絶対に誰にとっても「良いこと」

をしていないことにできるかもしれないが、それは学問的に意味がないし、この世界に、絶対的な悪の権化が存在するかのような印象を与えることになる。絶対的な悪の権化は、殲滅《せんめつ》しなければならない、となる。それこそ、〝ナチス的〟ではないか。

いかなる意味でも「善」をなさない、「絶対的な悪」というのは、この世に存在し得ないし、もしそれが生身の人間として実在するとしても、それが誰か見抜くことができるのは神だけだろう。私たちには、他人の本性を見抜くことなどできないし、他人の行動の全てを把握することさえできない。

滅ぼすべき「絶対悪」（＝ユダヤ人）を実体視したから、ナチスの行動はどんどん、民族絶滅の方へエスカレートしていったとは考えないのか？　歴史上の集団虐殺《ぎゃくさつ》のほとんどは、それに起因するのではないか？

「絶対悪」という概念を哲学的に掘り下げて考えるのはいいが、実在する人間を「絶対悪」の化身と見なすのは、それがナチスの最高幹部であったとしても危険である。何故なら、その人物を基準に、絶対悪人の属性を特定し、それに当てはまる人間を探したり、自分にはその要素がないと安心することに繋がるからだ。ナチ・プロたちは、「ナチスは少しでも良いことをしたと思うか」、と問いただし、「イエス」と答えた相手を叩《たた》きのめすことが正義だと思っている。「ナチス」を、他人を悪魔化し、自分を正義の味方にするための道

1943年4月1日、ワルシャワ・ゲットー（ユダヤ人居住区）でのナチスによる尋問の様子。

具にしている。「絶対悪」という言葉は、それと戦うものは、「絶対善（正義）」であり、何をしても許される、という錯覚を与えやすい。

ナチスを肯定しようとするネトウヨを封じるためには、こうした強圧的なやり方も仕方ないと言う人もいる。しかし、そんなことを言い出せば、「全体主義の危険を未然に刈《か》り取る」ための言論弾圧も正当化される。本末転倒だ。全ての人に、ナチスについて「正しい語り方をしろ」というのは傲慢であるだけでなく、危険である。ナチスの財政・金融政策等を学んだ人が、ナチスの政策を全体としてどう評価するかは、本人に任せるしかない。それが自由主義社会だ。ナチスがやったことを一つ一つ分解して、どう評価すべきか考えることを許さず、「答えは出ている。これに従え」と口封じするのは、自由のために戦う人のすることではない。そんな口封じ、教理問答が当たり前の社会は既《すで》に、自由主義社会ではない。

これは「統一教会問題」と共通する点である。統一教会のやることに、少しでも肯定的なポイントを指摘したり、解散命令請求に問題があったと述べたりすると、「お前は壺《つぼ》（信者）だな」、と異端審問にかけられる。「ナチス」について肯定的なトーンで語れば、異端審問によって、言論の自由を否定されても仕方ないように、統一教会信者やその〝シンパ〟は言論の自由の適用対象外扱いされる。

〝敵〟を悪魔化し、殲滅することが正義だと思い始めたら、自分の方が悪魔になっている、という、一九九〇年代には当たり前だった議論が、今ではほとんど通じなくなっている。

2

どうして「悪」は「陳腐」なのか？ナチ・プロの発想こそ全体主義である

アーレントの議論とは何か？

前節で、ブックレット『検証 ナチスは「良いこと」もしたのか？』の熱狂的なファンたちの強圧的な振る舞いとの関連で、「絶対悪」という概念を持ち出し、「絶対悪」の化身である存在——例えば、「ナチス」や「統一教会」——について少しでも肯定的に聞こえる発言をする人を、集団で攻撃する傾向について論じた。今回は、「絶対悪」という概念を振り回すことがどうして危険なのか、『イェルサレムのアイヒマン』（一九六三）でのハンナ・アーレント（一九〇六―七五）の「悪の陳腐《ちんぷ》さ」をめぐる議論と関連付けて論じたい。

『イェルサレムのアイヒマン』は、ナチスの親衛隊中佐で、ユダヤ人問題専門家であったアドルフ・アイヒマンの裁判を傍聴した際のレポートとそこで見たことについての哲学的考察から成る著作である。名前を隠して、アルゼンチンに潜伏していたアイヒマンを、イスラエルはナチス政権崩壊から十五年後の一九六〇年、秘密警察モサドを派遣して逮捕し、翌年エルサレムで裁判にかけた。アイヒマンを「人道に対する罪」で訴追するのが国際法的に妥当だとしても、アルゼンチンの主権を無視して、他国で警察権力を行使することや、当事者とも言うべきイスラエルが単独で裁判を行うことが許容されるかは、今でもしばしば議論される――今日であれば、どんな極悪人でも、他国の主権侵害をして逮捕し、国際法に関わる犯罪を、単独で刑事裁判にかけるようなことをすれば、その国も無法国家扱いされるだろう。

　裁判が始まる前、多くの人はアイヒマンを、ユダヤ人に対するあふれんばかりの憎悪と、人を苦しめることに喜びを見出す嗜虐《しぎゃく》的な性格を見せる、小説や映画に出てくる悪魔を絵に描いたような人物を想像していた。自分の罪をいくら責め立てられても、悪魔的なせせら笑いを浮かべ、私を死刑にしても無駄だ、というような不敵な態度を取る存在。

　しかし、実際に法廷に立って証言するアイヒマンのイメージはそれとは程遠かった。彼は、ユダヤ人を苦しめて殺す計画を立てたのではなく、上から与えられた任務、例えば、○○にいるユダヤ人△△万人を■■まで輸送する手段を確保せよ、といった任務の遂行のために、輸送や警備を管轄《かんかつ》する部署、移送先の収容所などに連絡し、必要な人員と手段を提供してもらうよう調整する官僚仕事をこなしただけ、という実像が次第に明らかになった。アイヒマンの実際の証言の映像は、イスラエル政府が公開しており、YouTubeでEichmann Trialで検索すれば、すぐ見つかる。

アーレントは、普通に業務をこなしていく役人のようにしか見えないアイヒマンの在り方を「悪の陳腐さ banality of evil」と形容した。この点が主な原因となって、ユダヤ系の知識人を中心に、ナチスの犯罪を相対化しようとする非難のキャンペーンが起こり、アーレントは何人かの長年の友人とたもとを分かつことになった。日本でも話題になった映画『ハンナ・アーレント』(二〇一二)でも、激しい非難を受けてもアーレントが意見を変えなかったことに焦点が当てられた――モサドを登場させるなど過剰な演出があり、アーレントを英雄化しすぎ

アドルフ・アイヒマン(1906−62)。ナチスの親衛隊中佐。ゲットーや絶滅収容所へのユダヤ人大量移送の任務を遂行。

ているので、あまりいい描き方とは思えなかったが。

その後、アーレントの思考の哲学的射程が次第に理解されるようになったことや、人間は——確信的なナチス党員ではなくても——一般的に、科学者とか教師といった権威ある立場の者から、「大丈夫だ。やりなさい」と言われると、さほどためらわずに残酷なことをやってしまうことを示したミルグラム実験（一九六三）の結果が公表されたことなどから、「悪の陳腐さ」論がそれなりに受容されるようになった。

しかしその一方、ナチス研究をする歴史家等から、〝アーレントの誤り〟が指摘されることがしばしばある。主な議論は、アイヒマンは単なる普通の役人ではなく、確信的な反ユダヤ主義者であることが史料から明らかであり、それをアーレントが見誤ったというものである。ブックレットの著者等も、別の著書で同じ趣旨のことを言っている。

この手の〝批判〟はよく聞くが、完全に的外れである。アーレントの言っている「陳腐さ」というのは、反ユダヤ主義度がさほど高くない、という意味ではない。『全体主義の起原』（一九五一）の記述全体を読めば分かるように、アーレントは、一九世紀初頭の国民国家の形成期以降、ドイツ語圏だけでなく、ヨーロッパ全体で反ユダヤ主義的な思考が様々な形で蔓延《まんえん》しており、それが帝国主義や大衆社会化など他の要素と相まって、ドイツやソ連で全体主義体制が成立したという見方を示している。アーレントにとって、反ユダヤ主義は、ある意味、汎《はん》ヨーロッパ現象であり、アイヒマンの振る舞いが、反ユダヤ主義と深く関係しているのは、いわずもがなの大前提である。

しかし、アイヒマンが個人的に、確信犯的にユダヤ人に嫌悪感を抱いていたとしても、それほどでなかったとしても、それは彼の行為が「陳腐」であるかどうかとは関係ない。アイヒマンの「陳腐さ」とは、普通の役人が事務をこなすように、ホロコースト関係の業務もこなしたということだ。官僚機構の歯車の一つとしての彼の仕事ぶりを見て、そこに〝いかにもナチスらしい野蛮《やばん》さ〟とか、〝悪魔的な刻印〟のようなものを感知することはできない、ということだ。

第二次世界大戦後、アイヒマンはアルゼンチンに逃亡。イスラエルのモサド工作員に捕まり絞首刑に。

アーレントは『イェルサレムのアイヒマン』の第十五章で、イスラエルの第二審判決を批判的に参照している。

原判決とはいちじるしい対照をなして、ここでは被告が〈上からの命令〉を全然受けていなかったことが認められていた。

彼自身が上級者なのであって、ユダヤ人問題に関しては彼がすべての命令を発した。（……）そして、アイヒマンという人間が存在しなかったとしてもユダヤ人の運命はもっとましにならなかったろうという弁護側の明白な論理にこたえて、今度の判事たちは「被告とその共犯たちの狂信的な熱意と満たされることのない血の渇きがなかったならば、最終的解決の計画も皮を剥《は》いだり肉をさいなんだりする凶悪な形を取らなかっただろう」と言明している。（大久保和郎訳『イェルサレムのアイヒマン』みすず書房、一九六九、一九二頁）

この判決がかなり不自然であり、親衛隊の中佐にすぎなかったアイヒマンにあまりに多くを負わせているのは明らかだろう。そうでも言わないと、アルゼンチンに対する主権侵害や単独での法廷を正当化できないと思ったのかもしれないが。

これは、ドイツの歴史学者たちが指摘しているし、ごく普通に考えれば分かることだが、アイヒマンにしろ、他のホロコーストに関連した他の役人にしろ、〝仕事〟を片付ける際に、いちいち「狂信的な熱意と満たされることのない血の渇き the fanatical zeal and the unquenchable blood thirst」に囚《とら》われて、一番残虐な殺し方を夢想して感情的に高ぶっていたら、効率的に多くの人を輸送・収容し、速やかに虐殺を実行することなどできなかったろうし、アイヒマン自身が、現場で指揮をとっていたわけではない。彼の内面が「狂信的な熱意と満たされることのない血の渇き」で一杯だったとしても、それはホロコースト全体の中で彼が果たした役割とは関係ない。

恐らく、「アイヒマンは判決通り、狂信的な熱意と満たされることのない血の渇きによって行動した」とアーレントが書いていたら、虐殺されたユダヤ人に同情する世論は満足したろうが、それによってアイヒマン像が固定されてしまったらどうなっていたか。

その「アイヒマン」が、ホロコーストを引き起こす「絶対悪」の標準モデルになり、それに近い経歴や性格の人間は、ナチスのような絶対悪に傾く可能性が高く、危険である一方、それとあまり共通性がない人間はひとまず安心ということになるだろう。無論、自分は正義の味方であり、アイヒマンのような絶対悪に汚染されてなどいない、と思いたい人はそれでは満足しないだろう。アイヒマン的な兆候を示す人間を見つけて、それを摘発することをやり始め、そういうアイヒマン的なものと戦う自分を、潔白な人間と見なすようなことさえするだろう。

ナチス的とはどういうものか

まだ何もしていない人を、危険な兆候があるというだけで、摘発し、犯罪者のごとく告発するようになれば、どちらがナチス的か、ということだ。無論、「悪の陳腐さ」を、平凡な役人っぽい属性と曲解して、「あんたこそ、アイヒマンだ」、という感じで、個人攻撃に利用し始めたら、それもまた本末転倒だろう。

アーレントのアイヒマン論から学ぶべき最大の教訓は、大虐殺を実行できる極悪人の属性はこれだと実体的に特定するのは見当外れであり、自分の描く「絶対悪」像に囚われて、それに基づいて他人を糾弾《きゅうだん》すると、自分の方がナチスに似てくる、ということだ。

映画『ハンナ・アーレント』が話題になった時、時流に抵抗するアーレントに感動したと言いながら、「アーレントのような勇気のある人を潰そうとする○○のような勢力と戦わねば……」、としきりと言いたがる、アーレント左派のような人が多いのを、私はかなり不快に感じた。

「ナチはいいことをしていない」ブックレットの熱烈なファンの中には、「ナチスのコスチュームとか軍事パレードがかっこいいからといって、ナチス崇拝《すうはい》者になる若者が増えたら大変だ。だからナチスはいいことをしたとほのめかすのは許されない」、などと言っている者もいた。冷静に考えて、ナチスのコスプレがかっこいいと憧れる若者が、熱心なネオ・ナチス党員になって、ドイツのネオ・ナチ本部の言うことを聴くようになるだろうか。

我々のほとんどはどう見ても、アーリア人ではない。

　また、ナチ・プロが得意になって宣伝したがるアウトバーン建設に関するナチスの功罪をめぐる話も、人種主義という意味でのナチス・イデオロギーとあまり関係ない。公共事業中心のケインズ主義理解の是非をめぐる議論の一変種にすぎない。そんなことより、潜在的な危険分子の摘発というナチ・プロたちの発想こそ、ナチスというより、全体主義的である。

ハンナ・アーレント（1906−75）。哲学者。ナチズムが台頭したドイツからアメリカ合衆国に亡命。

　ネット上での左派系の議論は往々にして、（弱者の）自由や権利を踏みにじる「敵」を許さないと言いながら、自分たちが「敵」を悪魔視するうちに、その人間の自由や権利を完全に無視するということになりがちだ。これが、「ナチスはよいことをしない」論と、反統一教会の共通点だ。

　反統一教会の人たちは、統一教会をやめて、教会を糾弾するようになった人はケアすると言っているが、現役信者の信教の自由や職業選択の自由、学問の自由を侵害するつもりはない、そういう差別とは我々も戦うと言おうとはしない。反統一には、信者であることをやめただけでなく、私はマインド・コントロール（MC）されていましたと告白するまでは、危険な存在なので、反社扱いを受けても仕方ないという態度の人が少なくない。「統一教会」が現代日本における「絶対悪」になっているからだ。

3 人間をまるでモンスターのように狩り、バグのように修正しようとする人たち

ナチ・プロが攻撃の標的にするものとは

前々節、前節と、ナチスの政策について、少しくらいは見るべきところがあるのではないか、と示唆する発言をする人を見つけては、「君はナチスを肯定しているので、ナチス化する危険がある」と攻撃して、ネットリンチにかけるナチ・プロたちの振る舞いこそが全体主義的であることを指摘した。今回は、彼らが攻撃している相手をどういう存在と見ているのか考えてみたい。

私は、ナチ・プロは攻撃している相手をリアルな人間ではなく、モンスター・ハンティング・ゲームのモンスターのようなヴァーチャルな敵キャラとして扱っているのではない

か、と思う。彼らの中には実際、プロフィールからかなりのアニメやネットゲーム好きに見える者が少なからずいる。ネット上である人を集中攻撃する時は、多かれ少なかれ、相手を生身の人間ではなく、ヴァーチャル・キャラのように扱ってしまうものである。ただ、集中攻撃の対象になるのは通常、著名人やYouTubeで目立つ動画を投稿するような、ある程度、リアルでどういう人か分かっている人物である。

それに対し、ナチ・プロが攻撃の標的にするのは、「ナチス」について肯定的と見られる発言をした（と思われる）人であって、それ以外の点ではどのような人かは関係ない。ブックレットで述べられている基準から見て、あるいは教祖のお言葉から見て、「ナチス肯定者」に該当するかどうかである。ごく普通に考えれば、ナチスの制服がかっこいいとか、アウトバーン建設がドイツの景気回復に役立ったとか言っただけで、そのまま民族浄化政策まで含めたナチスの政策を全て肯定するようになるとは考えにくい。しかしナチ・プロは、教典や教祖の言葉によって×が付いたターゲットでありさえすれば、それがどのような人間か考えようともせず、敵と見なして集団で突撃し、弱ってもはやネット上で発言できなくなるまで攻め続ける。

×が付いたといっても、その人は犯罪者ではないし、迷惑系のYouTuberのように、多くの人の迷惑になるので、違法かどうかは別にしても道徳的に非難されるべき行動を具体的に取ったわけではない。精々、ナチスに関わる様々な現象の一側面について、ここは肯定的に評価してもいいのでは、という意見を表明しているだけである。

ユダヤ人絶滅計画を正当化する者もごく少数含まれているかもしれないが、ほとんどの人はそうではない。大衆の支持を背景に政権を獲得・維持したのだから、ある人たちにとってはいい政策であったのではないか、と素朴な意見を述べているだけである。

「大衆の支持を背景に政権を獲得・維持した」と言うと、教祖様の指令に従って判で押したように、「お前はナチスの政権獲得の仕方を知らない。勉強しろ」と言ってくる、高校生に毛の生えたような輩がいるが、ナチスが通常の選挙で第一党になれたのはそれだけ支持する人がいたということであり、他の保守系の政党がナチスと連立を組んだのも、その後政権を維持できたのも、積極的な支持者以外にも、ナチスを容認する人が多数いたからである。ナチスだけが反ユダヤ主義だったわけではない。そんなことを考える能力もない輩に、判で押したように、「ドイツ史の基本をお勉強して下さい」と言われるのだから、嫌になる。彼らにとっては、「お勉強して下さい」が、モンスターを攻撃するためのアイテムのようになっているのだろうが。

まるでモンスター・ハンティング・ゲーム

話を元に戻すと、ナチ・プロはインターネットの日本語圏全域を、自分たちのモンスター・ハンティング・ゲームのフィールドのように考えて、教祖と教典の指示に従って、モンスター探しをして、当てはまる対象を見つけたら、その対象を攻めることがゲームのルールとして前提されているかのように、攻撃を開始する。本当のゲームなら、ゲームに参加することに同意したプレイヤーがヴァーチャルなキャラと、あるいはプレイヤー同士で戦うわけだが、ナチ・プロは、ネット検索で自分たちの条件に合う「潜在的ナチス」を見つけ出し、本人たちがゲームに参加すると同意したわけでもないのに、モンスターとして攻撃を開始する。

彼らが私に攻撃した時の言葉遣いからも、彼らがモンハンのような感覚でやっていることが窺《うかが》える。一番顕著なのは、「最後になって大物が釣れた」とか「見事に罠《わな》にかかっている」といった言い方だ。まるでモンスターが罠にかかって、喜んでいるようだ。

彼らが「罠」と言っているのは、ブックレット（『検証 ナチスは「良いこと」もしたのか？』）で〝論破〟されている論点だ。ナチ・プロは、教祖様が、潜在的ナチス＝モンスターが言いそうなことを予見して、ブックレットで予《あらかじ》め論破している、と信じている。従ってナチ・プロに言わせれば、そうした教祖様が先手を打っておいた問題、例えば、アウトバーン建設がドイツ経済にプラスの効果をもたらしたか、といった問題に触れるのは、教祖様の仕掛けた罠にはまってしまって、逃げ出せなくなることを意味する。

　ごく普通に考えれば、教祖様の予めの〝反論〟が不十分であれば、そこを問題にするのは当然のことなのだが、ナチ・プロは自分たちのやっている〝論争〟あるいは〝レスバ〟を、『キングダム』のような軍略系アニメのストーリーとしてイメージしていて、敵方の司令官が罠を仕掛けた所に進軍すれば、ほぼ「負け確定」になるようだ。

　私が「打つ手を間違えた」と言っている者もいた。恐らく、(自分たちと同じように)私もネット上で強い敵と戦って倒し、自分の戦闘力を上げようとしたとでも思ったのであろう。彼らにとって、「潜在的ナチス」を倒すのは、全体主義や排外

ヒトラーは1933年にドイツ国首相に指名され、1年あまりで一極集中独裁指導体制を築く。

主義の台頭を防ぐためではなく、自分の戦闘力を上げるためである。ナチ・プロには同調する大学教員に「jediの騎士」を名乗る者もいた。私のようなのを叩いて「とどめを指す」とかなりのポイントがゲットできるのだろう。私のプロフィールを見て喜んでいるのがいた。

彼らが、正義感情の暴走で暴れているというより、ゲーム感覚でやっているのは、「潜在的ナチス」を叩く時の彼らの言葉遣いや態度から見て取ることができる。全体主義や排外主義が広がるのを本当に懸念《けねん》しているのであれば、「〇〇の面でナチスも肯定的に評価できることをやったのではないか。そうでないと説明できないことが多い」、と言っているだけの人を、「潜在的ナチス」呼ばわりしたりするはずがない。

懸念をそれとなくソフトに伝えたうえで、相手の真意を探り、ナチズムが関わった現代史を一緒に学ぼう、と呼びかけるような形でなければ、相手は納得しない。モンスターとして集中攻撃を受け、疲れ切って無理やり黙らされた人は、恨《うら》みに思うだけだろう。それだけではなく、ナチ・プロにやられた反動で、本当の「プロ・ナチ」になってしまうかもしれない。「ナチ・プロがあれだけ必死に否定しているのだから、ナチスについて言われているマイナスの情報は嘘で、ナチスは善政をしていたかもしれない。対ユダヤ人政策も基本は間違っていなかったかもしれない」、という感じで。私には、ナチ・プロたちは、無暗《むやみ》に攻撃することで、〝潜在的ナチス〟から本当の「プロ・ナチ」を生み出して、ゲームを続けたがっているようにしか見えない。

相手も生身の人間であり、いきなり一方的に集中攻撃されたら、恨みに思ってどうなるかわからないということを考慮に入れないナチ・プロたちの振る舞いを見る限り、彼らなりにナチス的な言説が広がることの危険性について真剣に考えているとは思えない。不祥事を起こした特定の個人や組織に「責任を取らせる」ことを目的に炎上騒ぎを起こすのであれば、やり方のモラルやキャンセル・カルチャーの蔓延などの副作用はいったん度外視すれば、結果的に目的を達成できる可能性はある。しかし、ナチ・プロの行動にはそういう〝合理性〟さえない。ゲーム感覚で狩りをして、結果として〝本当の敵〟を生み出す可能性が高いし、彼ら自身が、反体制派を狩るナチスの突撃隊を模しているようにも見える。

相手を生身の人間ではなく、ゲームのモンスターのように扱うナチ・プロ自身、ゲームのキャラのように、決まった台詞《せりふ》――「お勉強して下さい」「この程度の理解力で……」「噴飯ものです」「お話になりませんね」「終了！」――を一定のタイミングで打ち込み続ける。人間性を失って自動的に運動し続ける機械のようである。

技術による支配の全面化

ハンナ・アーレントは『全体主義の起原』(一九五一)や『イェルサレムのアイヒマン』(一九六三)で、人と人が人間同士として向き合うのではなく、巨大な戦争・統治機械の部品になったヒトが、ヒトをただの原料物質のようにいかなる感情的なためらいもなく処理するようになることを、全体主義の究極の帰結として描いている。

ハンナ・アーレントの最初の夫——アーレントは二回結婚している——でもある批評家のギュンター・アンダース(一九〇二−九二)は『時代おくれの人間』(一九五六、八〇)で、現代においては、高度に発達した技術の巨大な機構(機械のネットワーク)が、人間を含む自然界に存在する全ての対象を、何かを製造するための原材料もしくは機械の部品として取り込んでいることを指摘している。人間が自発的に設定したように見える目的も、実は予め機構によって用意されている。労働力を効率的に再生産するため、かつ、消費を喚起するために余暇が組まれ、その余暇を充実するために必要なメニューが設定され、自分の余暇を満喫したいと〝自発的〟に欲望する主体が、そのメニューをこなすことに懸命になっている、というように。

アンダースに言わせれば、全体主義のイデオロギーによって運営される国家だから、ユダヤ人をただの工業生産の原材料として収容所で処理するメカニズムが出来上がったのではなく、機構による支配が進んでいくに従っての現実を制度的に正当化し、辻褄を合わせるために全体主義国家が出来上がったのである。彼に言わせれば、人間をフォーマットに従って再生産する巨大な機構が、自己再生産するために反ユダヤ主義のイデオロギーを利用したのであって、その逆ではない。

ギュンター・アンダース(1902－92)。哲学者、ジャーナリスト、エッセイスト、詩人。反核運動を展開。

技術による支配の全面化に関するアンダースの議論は、ナチス国家とホロコーストの関係については誇張しすぎのようにも思えるが、ネットによって人間が人間を見る見方が大筋で規定され、ネットで流布している出来合いの言説を〝自分の自発的な意見〟として受容する現代の動物化した人たちの在り方にはかなり当てはまるように思える。彼らは、ナチ・プロ現象はその典型である。彼らは、ネット上の流言飛語に踊らされ、ナチス化の恐れのある危険因子（ウィルス＝悪質なミーム）を取り込んでしまったヒトたちを、まるでバグを除去するように駆除する作業に集団で従事している。自分たち自身が、ネット上の言説と同化して、ナチ・プロという型にはまった〝主体性〟を発揮しているという自覚は一切持たないまま。

「〇〇という悪を生み出す危険因子Xを駆除する作業に従事する▽▽というタイプの人間は、自由と正義の側にいる」ことを保証する言説に感化され、自分自身がゲームのキャラのようになってしまう人間が増えている。それが、多数の不毛なキャンセル・カルチャー現象を引き起こしている。怖いのは、ナチスのコスチュームがかっこいいと軽口を叩くことではなく、それをナチス化因子と自動的に認定して、攻撃してしまう、技術的に自動化された反応、人間をどのようにでも加工可能なヒトという生命体として扱えてしまうメンタリティだ。

第2章

「統一教会」と「ホスト問題」の意外な共通点

1

他人には愚かに見える「自己決定」をどう考えるか？

「自由意志による契約」とは何か？

政治を巻き込んで国を挙げての大騒動に発展した、今年（二〇二三年）の二大社会問題といえば、統一教会問題とホスト問題であろう。宗教と風俗という全く異質な領域に属するように思える両者だが、実は、一番中核にある問題は共通している。それは「自由意志」による「自己決定」をめぐる問題、更に特定すれば、第三者から見ると、極めて愚かな目的のためにお金を使うことの是非をめぐる問題だ。両者の意外な共通項について掘り下げて考えてみたい。

統一教会については既に解散請求がなされると共に、「被害者救済法」が成立し、財産保全法も成立の見込みになっている。ホストについても、高額の売り掛け金を要求できないよう法律で規制しなければいけない、という声が強まっている。いずれの場合も、本人が自らの意志に反して高いお金を払うよう操られている、つまり、マインド・コントロール（MC）されている、と言われている。MCという言葉が直接使われているのは、今のところ、統一教会問題だけだが、自発的にお金を払っているのか疑問視されている点は同じだ。ホスト問題でも、「女性たちは自発的に貢《みつ》いでいるのではないか。それは契約が成立しているということではないか」、という慎重論が出てくれば、MCで説明しようとする〝専門家〟が出てきてもおかしくない。

近代市民社会の民法を中心とする民事法では、当事者同士の自発的合意の表明によって成立した約束（契約）は有効であり、後になって取り消せるのは、権力によって脅《おど》したとか、相手の無知に付け込んだとか特殊な場合に限られ、どういう場合がそれに当たるかは、消費者契約法とか特定商取引法、労働法等で定められている。簡単に、一方が「気が変わった」と言って無効にできるのであれば、安心して他人と約束して、社会的な行為をすることが困難になるからである。

しかしMCという概念を使えれば、「MCによってそう思わされていただけで、本当の自由意志ではない」、と主張して、あらゆる約束を無効にできる可能性がある。統一教会の元信者である私からしてみれば、MCについての特別な訓練を受けているわけでもなく、ごく少数がたまに霊感商法や高額献金の説得に携《たずさ》わっているだけの統一教会信者の一人一人が、危険なMCの術《すべ》を身に付けているというのであれば、一晩に何百万、何千万円も使わせるプロのホストの方が遥かに高度なMCの術を身に付けていると言うべきだろう。

宗教は教義で犠牲を強《し》いるが、ホストは外見やサービスで快楽を与えるので、全然違うと思う人は多いだろうが、宗教が直接権力を握っている国ならいざ知らず、日本のような国で多額のお金を払わせたいのであれば、相手をその気にさせるしかない。つまり、救いに近付くとか、教祖や他の信者が喜ぶとか言って、いい気分にさせ、自発的に決めさせるしかない。宗教を積極的に実践したことがない人にはピンときにくいだろうが、宗教にはその宗教特有の快楽がある。それがないと、長年にわたって信心し、献金や奉仕を続けることなどできない。

問題は、それをMCだから無効だと判断していいのか、その場合、何がMCとそうでない単なる「他人による働きかけ」を分ける基準なのか、ということだ。

他人の言葉に影響されて、自分にはこの選択肢しかないと思い込んでしまうことをMCと呼ぶのであれば、人間は生まれた時から絶えずMCし合っていて、どれが本当に自分の

2020年2月7日に行われた統一教会の合同結婚式の様子。

自発的意志と言えるのか分からなくなっている、と言わざるを得ない。

例えば、九〇％以上の日本人は高校に進学するが、自分がいつどういう理由で高校進学を決めたかはっきり記憶している人はどれくらいいるだろうか。私は時々授業で学生に聞くが、記憶があるという学生に会ったことがない。大学生になるという自己決定さえ、はっきり記憶している人はほとんどいないだろう。日本人として生きるとか、日本語を母国語にするとかだと、そういう自己決定があるということを考えたことさえないだろう——世界には、それを決定することを迫られる人も少なくない。趣味、職業、恋愛・結婚などに関する志向も、基本的な方向性は他人の影響でいつのまにか決まっている。仏教の檀家《だんか》や神道の氏子《うじこ》などの立場も、生まれた時にほぼ決まっていて、大人になるまでのいつかはっきりしない時点で、事後承諾している、ということが多いだろう。

なかには、その人の人生を明らかに悪い方向に向かわせる影響というのはあるだろう。それを、許されない悪質なMCと呼ぶことにしてもいいが、誰がどういうことをやったら、悪質なのかを特定するのは難しい。その人との関係性で、許される影響の範囲や強さは当然変わるだろうが、近い身内ほど悪い影響を与えている場合もある——そうでなかったら、「宗教二世問題」など存在しないだろう。

統一教会問題では、専門家がMCの影響を指摘していると言う人もいるだろうが、心理学者でMCを研究している人はごく少数であり、心理学の代表的な辞典・教科書類では、一部でコラム的な扱いをされているだけで、明確な定義はない。心理学の専門家でない弁護士やジャーナリストが、(自分から見て)〝悪質な働きかけ〟をMCと呼んでいるふしがある。

私は、MCという概念は一切使うな、とか、本人が一度「私は〇〇することに同意します」、と口にしたら、絶対にその約束は無効にならない、と言いたいわけでもない。心理学的に確立された知見がないなかで、都合のいい時にMCに言及して、約束を反故《ほご》にできることになってしまえば、安心して社会生活を営めなくなるので、〝MC〟は慎重に扱うべき、ということだ。MCが至るところで使われるようになると、仕事を頼まれてそれを仕上げていたら、「あれはあなたにMCされて、依頼しないといけないつもりにさせられただけなので、依頼は無効だ」と言われてしまい、それがそのままかり通るといったことになりかねない。

統一教会とマインド・コントロール

統一教会の霊感商法・高額献金問題について考える場合、それが不当な働きかけ（MC）によるか否かを判断する際に、おさえておくべきいくつかのポイントがある。まず、どういう教義で、どういう実践をする宗教か分かって、壺や多宝塔《たほうとう》を買ったり、高額献金したのかが重要だ。その宗教がどういうものか理解していて、自分が払った代金や献金がどう使われるか承知していたか、ということだ。この点で、「霊感商法」と「高額献金」は全く意味が異なる。

前者の場合、どういう宗教かよくわからないまま、霊的な効果について、その宗教の教義とも異なるいい加減な説明によって騙される可能性がそれなりにあるが、後者は、既に信者になっている人がやることだから、どういう教えか分からないまま献金したというのは考えにくい。心身が弱っているなどして判断力が低下していて、教団の責任者の強いプッシュをあまり自覚しないままに受け入れてしまった、という可能性はあるが、教義を信じていたこと自体がMCによる、というのは無理があるのではないか。教義を信じるに至ったこと自体がMCによるという言い分が法的に認められるのなら、ある宗教に入信したり、思想に傾倒したりしたことが原因で行った行為は、「▽▽を信じていたこと自体がMCなので、すべて無効」になりかねない。

また、その献金が一度になされたのか、何十年にもわたって少しずつ行われたのかもポイントだ。一度に献金したのなら、その時だけ弱っていて、冷静に判断できなくなっていたということはあり得るかもしれないが、何十年にもわたってMCされ続けていた、というのは不自然だ。仮に、何十年にもわたって、ある宗教の教義を信じさせるような強烈なMCが可能であるとすれば、「私は当時MCされていた」、という証言自体がMCによるものではないか、と疑うことができるし、本人はずっとMCされたままなので、身内が「代わりに判断する」、という〝パターナリズム〟が簡単に認められてしまう。

ホスト問題も基本は同じだろう。本人が売掛金の仕組みをちゃんと説明されて理解していたかが肝心だ。酩酊《めいてい》状態で判断能力が低下する可能性はあるが、普通に判断できる状態で合意したのであれば、本人の自由意志によると見なすべきだろう。十分分かっていたのに、そのホストに嫌われたくないので、お金を使い続ける、というのは一種の依存状態だろうが、そうなる可能性も含めて分かっていたのかが肝心だ。ほとんどの場合、ホストクラブに通っている時点で、そうなる可能性があることは分かっていたはずだ。

私は、人間には自己決定する能力があり、それは常に十分に働いている、と思っているわけではない。むしろ、ほとんどの人が、常に他人の影響で右往左往し、どういう心の状態になれば、本当に「自由意志で決めた」と言えるのか、分からないと思っている。だからこそ、自分がした約束の意味をちゃんと理解していたのであれば、自分が「本当に心から望んだのか」分からなくなっても、責任は取るべきだと考える。

無論、第三者には分かりにくい形で、プレッシャーをかけられたり、心理的トリックでごまかされたりすることもあるので、裁判等では、ケースごとに細かくチェックされることになるだろう。あまりにも高額で本人や家族の生活に支障を

ジョン・スチュアート・ミル(1806－73)。政治哲学者、経済思想家。近代自由主義の古典『自由論』を著す。

来すような支出に法的制限をかけることにしてもいい。周囲の人に迷惑をかける可能性があるからだ。

しかし、長期にわたって喜んでやっていたことを、MC論のような科学的な根拠が薄いものを持ち出して否定すべきではない。ジョン・スチュワート・ミル（一八〇六－七三）が『自由論』で論じたように、他人からどんなに愚かに見える行為で、他人に具体的な害を与える恐れが低いのであれば、自由意志によるものと見なすべきだ（愚行権）。「心の中」で生じていることについて勝手に憶測すべきではない。

MC論が横行すると、最後は、誰も自由意志を持っていないことになり、仕方なく、一番信頼できそうな第一人者に「全て」を委《ゆだ》ねることになるかもしれない。それが全体主義だ。

2

〝キモいもの〟を感情的に例外扱いしていいのか？

キモイという感情を喚起する理由

前節で、統一教会問題とホスト問題には、〝被害者〟とされている人がかつて「喜んでお金を払っていた」という共通点があると指摘した。両者には、それ以外の共通点が少なくとも二つある。今回は、第二の共通点について述べてみたい。それは、両者とも、（直接接点を持ったことがほぼない）多くの人が、その名を聞いた時、この世界に本来あってはならないもの、消えてくれた方がいいものと感じる存在だ、ということだ。

この世の中には、その存在自体が犯罪的だと思われているので、何かトラブルが生じると、一方的に非があることにされ、断罪されがちな集団がいる。最も典型的なのは、暴力団だろうが、暴力団のように、法律で反社会的存在として明確に規定されていなくても、そう思われがちな集団がいる。

法律的には「反社」指定されていないため、かえって憎悪の対象になることさえある。「こんな汚らわしい奴ら、さっさと消えたらいい。もともと、とんでもないことをしているのだから、こいつらの扱いで、いちいち法律の細かい手続きを守ってやる必要はない」、という感情が掻《か》き立てられる。

外部の人には何だかよく分からない目的のために多額の献金を集める新興宗教と、（通常とは逆に）男性が女性を接客し、担当者が売掛金の取り立てに責任を負わされる、特殊な風俗業であるホストは、そういう消えてほしい集団の典型かもしれない。

新興宗教の中でも統一教会は、王冠のようなものを着けて合同結婚式などの儀式を行う韓国人メシアのイメージから、キモイという感情を喚起しやすい。ホストの場合は、そもそも風俗なので、汚らわしいと思われやすいことに加えて、テレビでしばしば見かける、不自然なメークや煽り言葉、歌舞伎町（→闇社会？）等から、キモイというイメージを抱いている人も少なくないだろう。多くの第三者がキモイと思うものを、本人たちがステキだと言い張ると、そのどうしようもない感覚のギャップのため、余計にキモイと感じられるということがある。

統一教会の教祖がキモイという印象は、潜在的に、〝韓国〟差別を含んでいる可能性がある。一九八〇年代の左翼学生は、日本の植民地支配に対する反省や在日差別の克服を説く一方で、韓国生まれの統一教会とその政治団体である「勝共連合《しょうきょう》」や、学生運動団体である「原理《げんり》研究会」を、KCIAの手先だとレッテル貼りし、「勝共連合=原理研は韓国へ帰れ」、と平気で言っていた——韓国に対する〝遠慮〟の反動が、統一教会に向けられていたのかもしれない。安倍元首相の暗殺事件以降、多くの（従軍慰安婦問題や徴用工問題では、被害者の声を聴くべきだと言ってきた）リベラルな知識人たちが、「統一教会は植民地支配に対する日本人の後ろめたさを利用して、韓国の教会に貢がせている」、と平気で言うようになった。

「正常な判断」とは何か

ホストに関しては、風俗自体が本来汚らわしいが、男性が中年の女性をお姫様扱いして煽って多額の金を使わせるのは（女性が男性に金を使わせる場合よりも）特に恥ずべきことだ、という感情的反発や、ヤクザなどの犯罪集団が背後にいるのではないか、という先入観が絶えずつきまとう。

いずれの場合も、そうしたキモイという第一印象が、被害者とされている人の行為に関する、「どうしてほとんど見返りがないと分かっている相手に貢ごうとするのだ。正常な判断をしていないのではないか」、という疑いが相乗効果を発揮する。本人の意志ではなく、何か秘密のいかがわしいことをされ、意志に反した行動を取るよう誘導されているのではないか、といった想像に繋がる。

統一教会の信者だった時代の私の経験からすると、普段はかなり人格者風にしていて、誤解されがちなマイノリティの権利を擁護することをモットーとしている学者や宗教家であっても、いったん、「こいつらキモイ（汚らわしい）。こいつらの気持ちなんか想像したくない」、という感情が発動すると、相手がどういう存在で、普段実際にどういうことをやっているかを知ろうと冷静に努力することを——はっきりと自覚しないまま——拒絶し、どんな説明も受け入れない。そして、そういう自分の態度に合わせて、自分が相手を拒絶するのが正当である、という物語を後から作り出す——本人に自覚はなく、自分では極めて冷静な判断をしているつもりになっている。〝正義の味方〟で通っている人ほど、「感情的拒絶→正当化の物語→拒絶する態度の強化」という反応パターンに陥《おちい》りやすい。

信者をやめてからも、統一教会時代のことを語ると、目の前にいる学者や牧師が、急に拒絶の態度を取り始め、私の話に耳を閉ざして、そわそわし出すのを何度か目にした。私

2020年2月7日に行われた統一教会の合同結婚式の様子。

が統一教会の信者だったと知って、「吐きそうになった」とわざわざ、ネットに書く〝仲正ファン〟がいる——ファンだったと言った方がダメージを与えられると思って、事後的・瞬間的に〝ファン〟になった人もいるだろうが。

人間は、自分で思っているより遥かに、キモイとか汚らわしい、といった負の感情で、相手に対する評価を既に決めてしまっている。感情によって評価が決まってしまうと、かなりのインテリでも、というよりそういう人ほど、「法の下の平等」とか「デュー・プロセス」、「信教の自由」「自己決定権」などの概念を思い起こすように呼びかけられても、感情がすぐに拒絶反応を起こしてしまう。「信教の自由は大事だ。だが、しかし、〇〇のような反社の存在は、……」

アメリカの哲学者で、人間の潜在能力（capability）や生活の質に関する議論で知られるマーサ・ヌスバウム（一九四七－）は、公正であるべき「法」が実は様々な感情を織り込んでいることを、英米の近代法制史に即して明らかにした『感情と法』（二〇〇四）で、「法」との関わりが特に重要な感情として、「嫌悪感disgust」と「恥辱shame」を挙げている。

前者は、人間にとって自分もまた動物であり、動物と同じような生理的作用によって生きていることを見せつけられるような出来事や事物に対する拒否反応から生じる、という。人間の体から排出された物に嫌悪感を覚えるのは、それらが自分の中にもあること、自分も食物を摂取して、排出する動物、いつしか自分そのものが廃棄物化する動物にすぎないことを感じさせられるからである。淫《みだ》らな行為を汚らわしいと思うのは、自分にもそういう制御しきれない動物的な欲求があるからである。

後者は、自分が無力だった幼児の時代を想起させる状態に起因する、という。他の人は普通にできることが自分にはできない時、自分が社会的に弱い立場にあると実感する時、恥ずかしいと感じるのはそのためだ。

ヌスバウムは両者を区別して記述しているが、双方が絡まり合って相乗効果が生じる場合もあるのではないか、と考える。自分自身のみっともないところ、理性的に振る舞うことができず、身体的な欠陥や精神的脆弱《ぜいじゃく》性が露呈する時、恥ずかしいという気持ちが、自己嫌悪にも通じる。そして自分以上に、そうした性質を示している存在を見ると、強い嫌悪感を覚える。恥ずかしいことをやっている人間を見て、同じ人間として――あるいは同じ日本人とか、同じ○○として――恥ずかしいと感じるメカニズムは、それで説明できる。

統一教会に対する嫌悪感も、統一教会がやっていることのうちに自分の弱さを見てしまうことに起因するのかもしれない。人生の方向性に不安で、自分の全てを決めてくれる存在に全てを委ねたくなりそうな、理屈抜きに盲従してしまいそうな自分を見せつけられるような嫌悪感。合同結婚という形で、結婚まで含めて全人生を教祖に委ねてしまうように見える、統一教会は、その最たる例であろう。そこに、自分が（自分が内心差別している）韓国人以下の存在であるかもしれないという不安、植民地支配に対する罪の歴史ゆえに、韓国人に対して頭が上がらなくなっていること

マーサ・ヌスバウム（1947－）。哲学者、倫理学者。「潜在能力アプローチ」を提起した議論も展開した。

への屈辱感も加わっているかもしれない。

一度好きになってしまった相手のいいなりになり、本気で愛されていないと分かっていながら、貢いでしまいそうな、性的欲求で我を忘れてしまいそうな自分を、ホスト―顧客の関係に見てしまう人は、そこに根源的に歪《ゆが》んだものを感じ、嫌悪感を覚える。男性の中には、金のためだったら、普段下に見ている相手の前にはいつくばってしまいそうな自分を、ホストに投影して嫌悪感を覚える人がいるかもしれない。

元信者が「私はマインド・コントロールされていた」と訴え、ホストの顧客だった女性が、自分は騙されていたと主張するのは、自分が――理性で自分の利益について判断できない――弱さを見せてしまったことを、ストレートに認めることができず、それは自分の人間としての本来の状態ではない、と思いたいからかもしれない。愚かな判断をしたのは、今と同じ「自分」である、と認めたくないのである。

人はなぜ迫害をするのか？

ヌスバウムは、ピルグリム・ファーザーズ（清教徒植民者）の時代以来のアメリカの歴史における宗教迫害の問題を論じた『良心の自由』（二〇〇八）では、宗教迫害を逃れて新天地にやってきた人たちが、自分たちが様々な苦労を経てメジャーになったと思い始めると、次第に排他的になり、自分たちと異なる教えやそれに基づく習慣を持った人たちに嫌悪感を覚え、いろいろな理由を付けて迫害するようになるということが繰り返されたことを強調している。白人のメインストリームの宗派が、ネイティヴ・アメリカンやカリブ海の住民の宗教を、自分たちのそれと対等とはなかなか認めようとしなかったこと、一九世紀の後半に、カトリック系移民が増えた時、彼らを影で操るローマ法王庁の陰謀説に踊らされたこと、学校教育の現場でのエホバの証人やモルモン教の生徒の振る舞いに過剰反応することなど。

こうした態度は、彼らの嫌悪感＝恥辱に起因するものと見ることができる。かつての自分たちのように脆弱で、非理性的に振る舞っているように見える存在に耐えられないのである。因《ちな》みに、私は最近、プロテスタントの牧師たちの前で講演する機会があったので、この『良心の自由』を引き合いに出して、あなたたちも同じようなことをしていないか、と示唆したところ、ちゃんと聞いてくれた人もいたが、落ち着いて話を聞いていられず、ざわざわしていた人たちもいる。

「リベラル」であるという自負を持つ人は、自分が嫌悪感に動かされて、いろんな例外を正当化していないか、自問すべきではないか。

3 「エロス」と「聖なるもの」で蕩尽するのが人間である

共同体を挙げて行われる祝祭

「統一教会問題」と「ホスト問題」の三つ目の共通点は、「蕩尽《とうじん》」だ。これは、フランスの思想家・作家で、サディズムの再評価や、[エロス―宗教―芸術]の根源的な還元を指摘したので知られるジョルジョ・バタイユ（一八九七―一九六二）のキーワードだ。

バタイユという名も蕩尽という概念も、現在では、フランスの現代思想・文芸批評好きの限られた人にしか関心を持たれていないが、一九八〇年代には、経済人類学者の栗本慎一郎（一九四一―）のベストセラーになった『パンツをはいたサル』（一九八一）を通して、一般的にもかなり認知されていた。当時栗本は、受験地獄で追い込まれた青年が両親を金属バットで撲殺した事件など、不可解な事件や風潮を、経済人類学の理論を用いて、意外な角度から分析してみせていた。栗本の分析の道具立てとして、最も重要なのがバタイユの「蕩尽」論である。

「蕩尽 consummation」というのは、無駄に、つまり自分にとって何の得にもならないやり方で、消費することである。マルクス主義を含む近代経済思想は、「経済」を「生産」を中心に考え、「消費 consumption」も、「生産 production」のサイクルの一部と考える傾向がある。衣食住のために「消費」することで、労働者自身の生存が可能になり、かつ、生殖＝再生産（reproduction）によって子孫を増やし、新たな労働力を生み出すことが可能になる。

ジョルジュ・バタイユ（1897－1962）。フランスの哲学者、思想家。ポスト構造主義に影響を与える。

二〇世紀に入って、レジャー、ファッション、スポーツ、ゲーム等の文化消費が資本主義発展の原動力になったと言われているが、それは従来と異なった形で、種類の商品（非物質的商品）の生産にすぎない。更に言えば、そうしたより快適に消費するためのサービスや、家事やケアまで商品化されるということは、私たちの生活全体が資本主義の生産体制に組み込まれたことを意味する。生活全体が資本主義的生産体制に組み込まれた社会では、生産と消費が一体化しており、各人は、生産（の可能性）を増大させるために消費するよう仕向けられている、と言える。

バタイユによると、食物であれ、性行為の相手であれ、欲求の対象を手に入れると、すぐに消費する動物と違って、人間は将来の消費のために現在の欲求を抑えて、備蓄する。文明とは、欲求を一定の枠内に収め、効率的な生産機構を構築することで、備蓄を増やしていくシステムだ。「パンツを穿《は》く」という行為は、自らの欲求を抑制するために身に付けていることの象徴である。文明が発達するというのは、欲求充足の先延ばしによる蓄積傾向がどんどん強まっていく、ということだ。

バタイユは、欲求の抑制による蓄積はどこかで限界が来て、抑え込まれてきた欲求が爆発する、その爆発で社会全体が崩壊しないように、定期的なガス抜きが必要になると指摘する。それが、共同体を挙げて行われる各種の祝祭（カーニヴァル）だ。

祝祭に際しては、普段は人々の目から隠されている「聖なるもの」が姿を現わすとされる。「聖なるもの」は、それに触れた人を驚愕させると同時に、強く惹《ひ》きつけ、正気を失わせるので、畏怖《いふ》され、通常は、一般の住民がアクセスできないところに封印されている。封印を解いて現れた「聖なるもの」に対し、人間や家畜など多くの犠牲が捧げられ、その偉大さを讃えるため貴重な財物が破壊される。「聖なるもの」に囚われた人々は、普段のあらゆる制約から外れ、狂乱状態に陥る。そこでは、いかなる利益ももたらさない、生産に繋がらない、純粋な「消費」がなされる。それが、「蕩尽」だ。

栗本慎一郎が、「過剰」「蕩尽」「パンツ」というキーワードで、ヒトの本質を平易な言葉で解明した書。

バタイユ＝栗本によると、西欧近代社会は、全員が参加する本格的な祝祭を行わなくなり、そのため溜《た》まった欲求を「蕩尽」することが少なくなり、人々は更なる蓄積のための生産へと駆り立てられ続け、無意識下に抑圧された欲求が増え続ける。それが急に噴出すると、金属バット殺人事件のような理解しにくい現象が起こる。いくら受験勉強で追い込まれたからといって、どうして、自分を養ってくれる両親をいきなり殺してしまうのか。殺人犯になって人生を台無しにするより、入試に落ちて両親にひどく叱責されるほうがましではないのか？　バタイユの理論に即して考えれば、今まで溜めてきたものを破壊して、解放されたいという「蕩尽」への欲求が、将来に配慮しようとする理性的思考による制止を振り切って、暴走してしまうから、ということになろう。

近代化・分業化が進んだ社会で「蕩尽」のための主要な回路を提供するのが、宗教とエロティシズムと芸術である。この場合の「エロティシズム」というのは、単なる動物と同じような性行為ということではなく、性に関わる様々な想像や表象を含んでおり、人間特有の現象である。動物は、少なくとも現在知られている限り、性的妄想を抱くことはない。芸術は、一定の形式に即した創造活動なので、多くの人は出来上がったものを鑑賞するという間接的な形でしか参加できないが、宗教とエロティシズムは普通の人でも直接実行でき、分かりやすい形で「蕩尽」が行われることが多い。

禁欲的なイメージのある宗教と、欲求を解放するイメージのあるエロティシズムは対極にあるように思えるが、バタイユは、神秘的な合一や恍惚《こうこつ》状態の体験をする人が、しばしば自分の体験を、単なる神への愛というよりは、エロティックなニュアンスの強い言葉で表現したり、信仰の対象となる神が性器の姿をしていたり、神を慕う信仰者の表情がエロティックに見えるよう、絵画や彫刻に描かれることもあることを指摘している。宗教は一面では厳しく欲求を抑圧するが、別の面では、むしろ神や自然、天などに対する、あるいは信者相互でのエロティックな欲求を全開させる。

宗教とエロティシズム

個人に取り憑《つ》いて、いつの間にか合理性のたがから逸脱させてしまう宗教とエロティシズムは、恐怖を感じさせると同時に魅惑する「聖なるもの」から派生した、と言うことができる。エロティシズムと宗教が深いところで繋がっており、その繋がりがいくつもの有名な芸術作品が表現されていると言われても、さほど意外に思わない人も現在では少なくないだろうが、バタイユは、そうした認識が広がるのに大きく貢献した思想家だ。

自分が信仰する宗教のために、布教や修行をし、献金しても、何の見返りもない。本人たちは、自分たちの魂の救いとか霊的な上昇といった〝見返り〟があると言うけれど、労働してその対価を受け取る日常に埋没している人にとっては、無駄なことをしているとしか思えない。物質的な利益が返ってこないのだから。

風俗、特に、女性を非現実的な仕方で褒め上げ、幻想的な気分にさせることで高額な料金を取るホストのような業態は、エロティシズムを最大限に利用していると言える。それによってホストが自分の本当の恋人になるわけではないと分かっているのに、どうしてエロティックな幻想のために高額の金を払うのか、欲求充足にはそれなりの相場があると考えている人間には理解しがたい。

いずれも、生産体制の中にきちんと組み込まれて生活している人間にとっては、壮大な無駄な消費＝「蕩尽」を行なっていながら、本人たちは――少なくとも、〝被害者〟になる前は――喜びを覚えているように見える。人間としてあり得ない行為である。バタイユであれば、生産体制を維持・拡張し、生き延びようとする合理的な思考、生産の成果を台無しにする非合理性への衝動の両面を備えているのが、人間だ、と言うだろう。合理性だけで発展し続けた社会などない。ソ連のような社会主義国家は、それを成し遂げようとした。バタイユはソ連が崩壊するずっと前に亡くなっているが、労働を厳重に管理して、無限の蓄積を可能にすることを試みるソ連のシステムが、個人が蕩尽する自由を許容する資本主義国家のそれよりも遥かに無理をしていることを指摘していた。

無論、統一教会のようなやり方で、信者にリターンなしの奉仕を求める（＝信者にとっての蕩尽）と同時に、メシアによる祝福によって真の家庭を築きたいという、ある意味エロティシズム的な欲求を掻き立てるのが、生産と蕩尽のバランスの取れた組み合わせと言えるのか、その存在が既存の社会にとってプラスになるのか、少なくとも、許容可能なのか、というのは別問題である。ちゃんと検証する必要がある。ホストについても同様である。いずれの場合も、負の効果が、社会全体を崩壊させかねないほど大きくなっていく恐れがあるのなら、規制することは必要だ。しかし、今の日本の世論では、人間本性や社会・経済システムという観点からちゃんと検証されることなどなく、「こんなキモイものダメに決まってるだろ！」、と決め付けられている。

社会の多数派の目から見て、無駄なお金の使い方をしているからといって、本人の意志に反しているとか、マインド・コントロールされているに違いない、と決め付けるのは、危険である。人間は自分が思っているほど合理的に判断していない——統一教会信者やホスト・クラブの存在を非難している人たちもそうである。一定の「蕩尽」があるからこそ、社会が持続しているというバタイユ的な視点を全面的に受け入れろとは言わないが、考慮に入れるべきであろう。

一昨年の夏に統一教会問題が浮上して以降、普段はワイルドを気取って、「何が無駄で、何が役に立つかなんて、いろいろやってみないと分からないし、結果的に無駄になってもいいじゃないか。無駄なことを思い切って実行できない、こせこせした人生なんて無味乾燥で、つまらない！」と言っていそうな人たちが、急にがちがちの合理主義者になってしまうのをしばしば見かけるようになった。「統一教会」とか「ホスト」とか、嫌われ者の話となると、「あんなことに無駄な金使うのは、人としておかしい！　目を覚ませ！」と、説教ぽくなる。あなたたちそんなに合理主義者なのか、人間は自分の利益にならないことは一切やらないのか、幻想のために生きるのはそんなに許されないことなのか、と言いたくなる。

4

あなたはこの社会でMC（マインド・コントロール）をされていないとでも？

「統一教会はMCしている」と安易に語る連中とは

（旧）統一教会を批判する左派の人たちは、統一教会が信者をMC（マインド・コントロール）する特別な技術を持っている、あるいは、霊界とか先祖の因縁の話で簡単にMCされてしまう人間が信者になってしまうと思っているようだが、元信者である私にとっては、それはあまりに現実からかけ離れた単純化だ。

私は、統一教会はある意味でMCをしていると思っているが、それは反統一の左派とかマスコミが言っているような単純なものではない。生活に密着してじわじわ効いてくるものであり、意識的にやっている部分と無自覚の内に習慣化している部分の区別がつきにくい。それは、統一教会だけの問題ではなく、いろんな団体やグループに見られる、かなり普遍的な現象だと思っている。

どういうことか、ここでちゃんと説明しておきたい。

かなり粗雑な反統一のサヨクは、「統一教会は、地獄に落ちるぞと脅してMCする」、という言い方をする。これは統一教会の信者になるような奴は、自分たちとは違う下等な生き物で、原始的な暗示にかかりやすいという思い込みによる傲慢な物言いだ。「言うことを聞かなかったら、地獄に落ちるぞ」と言われて、「怖い！信じます」と恐れ入る人間がいるだろうか。

被害者ポジションの元信者の多くもこうした地獄トークに同調し、「そうだ、教団は地獄と言って脅かす」と言っているが、彼らは自分のことを棚に上げ、現役信者を下等動物扱いしている。「地獄に落ちるぞ」、と一喝されて怖れ入るような単純な人間がいるとすれば、そんな人間は、入れ替わり立ち替わりいろんな人物から始終MCされて振り回され、教団にいようといまいと、まともな人生を送ることはできないだろう。

統一教会にMC技術があるとすれば、「地獄に落ちる！」と耳元でがんがん怒鳴りつけるのでも、秘儀として伝承される強力な催眠術のようなものでもない。（全員が大声で思い思いの言葉で祈祷する）祈祷会とか（責任者から教祖の深い御心を伝えられる）礼拝、布教や万物

2022年9月22日に統一教会の改革推進本部・勅使河原秀行が記者会見。

復帰（物売り）の実践、その前の決断式、日々の信者同士の会話等、日常生活の総体によって、気持ちがコントロールされるということだろう。

宗教は生活に密着した儀礼・慣習によって、信者の心（感情の揺れ幅）をコントロールするものだ。そうした生活に浸透したMCは、会社、学校、市民運動、スポーツ・芸術の団体が、何らかの形で実行している。統一教会のような新興宗教で、集団生活を取り入れているようなところは、それを、信者の生活全体を包摂するような形でやっている。何をやっているか具体的に知ろうともせず、統一教会はMCしている（＝下等な奴らはひっかかる）、と安易に言っている連中こそ危ない。

信者を本当に動機付けているもの

反統一の宣伝で、「地獄に落ちる」が強調されるのは、その方が悪徳商法だというイメージに合致しやすいからだろう。脅すだけで、言いなりになる信者などいない。信者を動機付けるのは、むしろ、「誰が一番父母様（神の代理としての文夫妻）を喜ばせるか」の競争だ。

みんなが汗と涙を流して必死に取り組む〝善の競争〟に参加しないと、自分の居場所がなくなるような気がして、いたたまれなくなる。何かしないといけない、という気になって、無理をする。計画的にやっているのではなかろうが、教会ごとにそういう雰囲気が演出される――責任者に指導力がなければ、そういう雰囲気にならず、布教や万物復帰の実績はあがらない。そういう雰囲気が作られることをMCと呼んでもいいが、反統一が思っているほど、シンプルに操られるわけではない。

こうした、涙の誓いを立て、父母と中心（責任者）の思いに応えようとする〝善の競争〟は統一教会の専売特許だろうか。私はここ十年くらい、勤め先の大学の学類会議（教授会）や類似の会議に出ていると、統一教会の信者だった頃のことを思い出す。会議のメイン・

イベントとして大学の現状が語られる。国立大学は国の方針で運営交付金がどんどん削られ、誇張抜きに存続の危機に陥っており、学長が危機意識を持っておられて、各学類に何ができるのか具体的に示すよう指示された、と告げられる。

それに続けて更に、大学に残されたわずかな資源は、外部から資金を獲得できる競争力のある部局に集中的に投資せざるを得ず、その面で貢献できない文系の学類はその分、従来より厳しい予算・人員の削減、教授・准教授への昇進の条件の厳格化を受け入れざるを得ない……。ほぼ予想通りの内容だが、学部長などの責任者が深刻そうな口調で語ると、ダメ押しされているようで、気が重くなる。そんなの無理だと言いたくなるが、お気持ちは分かりますが、そんなネガティヴなことを言っても、学長や理系出身の理事から、「言い訳は聞きたくない」と却下され、結果として、内の学類（学部）に対する風当たりが余計に強くなるだけです、と諭される。

統一教会の伝道や万物復帰の決断式が思い出される。父母様と教会が置かれているとてつもない苦境、信者の生活費さえ満足に支給されない台所事情が語られる。今最も摂理（神と教祖の計画）に貢献し、父母様に覚えられているのは、○○教会だが、内の教会の現状は……。みんなが苦しいのは分かるが、ここで否定的なことを言っても……。○○が勝利している秘訣は◇◇だから、私たちもそれに倣って……。

教授・准教授への昇進問題に、統一教会で対応しているのは、「祝福」を受ける、及び「家庭」を持てる資格をめぐる問題だろう。「祝福」というのは合同結婚式に参加することだが、これに参加しただけで夫婦になるわけではなく、しばらく間を置いて教会の許可を得たうえで、正式に夫婦になり、その時籍を入れる。「祝福」はどちらかと言うと、婚約だ。「祝福」を受けるにも「家庭」を始めるにも、信仰歴何年とか、成約（一週間）断食をやったか、何人伝道（勧誘）したか、万物復帰をどれくらいの期間やった、といった条件をクリアしたうえで、本部の家庭局からチェックを受ける――今はかなり緩くなったようだが、私のいた頃はかなりきつかった。

国立大学も企業も統一教会も組織なるものの本性とは

国立大学では、教授・准教授になる条件として、文科省の科研費（科学研究費助成事業）などの外部資金を獲得したか、査読付きの論文がどれだけあるか、国際学会での報告経験があるか、教歴何年かといったことについて、大学の幹部のチェックを受ける。分野によっては、基準をクリアしにくいところもあるが、個別の事情は聴いてもらえない。統一教会で、与えられた使命を果たすに当たって信者の個別の事情は考慮されない。

統一教会には、条件がきついので祝福を受けないでもいい、という態度を取り続ける自由はあった。国立大学の専任講師や助教はこのままの身分でいいという態度を貫く自由がある。いずれの場合も、周囲の視線から物凄いプレッシャーを感じ、ものすごくいづらくなる。自分より信仰歴が短い人が先に祝福を受けたり、自分より若い人が教授になって、追い越されると、人間関係がきまずくなる。気にしないふりをするには、かなりの精神力がいる。統一教会の各教会の責任者は、祝福を受けようとしない信者に対し、父母様も私たちも君に祝福を受けてほしいんだ、頑張って、と説得する大学の学部長や学科長は、出世しなくてもいいという准教授等に、私たちは君に活躍してほしいんだと説得する。

学部長によっては、厳しいことばかり言う学長の本当の「思い」を推し量り、それにすぐに応えることはできないが、みんなで協力し道を切り開くしかありません、と悲壮感を込めて語ることもある。多くの教員が絶望的な気分になるが、学長の片言隻句から読み取れる、「思い」に答えるべく何かしようとする真面目な教員もいる。伝えられる父母様の断片的な言葉を手がかりに、道を切り開こうとする統一教会信者のように。

学部長、学類長などの役職に就いた責任者が、「学長の思いは……」と言うたびに重苦しい雰囲気になる。個人のわがままは口にできない、言えば、教員コミュニティでの居場所を失う。決断式の前後の統一教会だ。

こういう話を聞くと、そういうのが「カルト」だとすれば、正直内の会社、学校、運動団体、劇団の方が遥かにカルト宗教的だと思う人は少なくないだろう。「お前は地獄行きだ」、と言われるより、「この苦境で責任を負っている○○さんの思いに応えて……」と言われる方がずっと心理的圧が強い。統一教会問題は、統一教会だけの問題ではない。

私は、メシアと教団にとっての危機的状況を強調し、「この苦難の中での父母様の御苦労を思えば……」という言葉で、いろんな無理な負担を信者が〝自発的〟に受け入れるように仕向ける、かつて私がいた頃のような統一教会の重苦しい雰囲気は二度とごめんだ。他人にも勧めない。

統一教会問題を、自分たちと関係のない話に矮小化する人たち

しかし、その後の人生で、それほど極端でないにしても、重い雰囲気の中でメンバーに無理なミッションを自発的に引き受けることを強いる教授会、思想系雑誌、運動団体、アーティスト集団、企業、他宗教団体等を見てきた。悲壮感で一杯のそれらの団体は、リーダーの気持ちに応えさせるプレッシャーをかけ続けないと、すぐに崩壊してしまいそうに見える。プレッシャーをかけるのをやめたら、その方が案外うまくいくかもしれないが、

そうなるという保証はないので、団体に愛着がある人たちはそっちへ踏み切れない。

統一教会の圧力は強すぎるので許されないのだとしても、その限界はどういう風に設定したらいいのか。個別の場面では、統一教会以上のプレッシャーをかけている団体はいくらでもあるだろう。安易な線引きをすれば、大きな社会的摩擦を生む。統一教会の何がやりすぎなのか具体的に検討すべきだ。

そういう次第だから私は、教団内で実際にどのような感情－信仰心のコントロールが行われているかをきちんと知ろうとせず、特別なMCの技術があるかのように宣伝したり、「地獄に行くぞと脅される」という雑な言い方で、統一教会問題を、自分たちと関係のない話に矮小化しようとする連中を一貫して批判している。

統一教会が実際にどうやって信者にプレッシャーをかけているのかつぶさに知ったうえで、やはり自分たちと関係のない下等な連中の問題だと思えるとしたら、自分の現実から目を背けているか、組織で働いたことがないかのいずれかだ。リアルな統一教会は、多くて信者数五万人程度の弱小教団だが、「統一教会」的な力学が働く場は日本の至るところにある。

第3章

「生成AIの恐怖」と「人間の動物化」

1

AI開発は停止すべき!?「シンギュラリティ」の何が脅威なのか？

イーロン・マスクらが訴える「AI開発」停止要請

何年か前から、「AIが人間の知性を超える」とされる「シンギュラリティ」が二〇四五年にやってくるのではないか、ということが話題になっていたが、今年に入って、OpenAIが大規模言語モデルGPT-4を公開し、それに対して、これまで「シンギュラリティ」推進派と見られていたイーロン・マスクが、研究者等と共に、これ以上の性能を備えたAIの開発を停止すべき、との声明を発表するなど、動きが慌ただしくなっている。これに呼応するように、自民党も、AI国家戦略を打ち出しており、その中にAIに対する法規制も盛り込んでいる。「AIが人間の知性を超える」とはどういうことなのか。何が問題なのか。
「ＡＩが人間の知性を超える」という場合、当然、計算処理の速さ・正確さや記憶（記録）の容量、同時処理能力、耐久性などのことを言っているのではない。そうした個別の性能ではとっくの昔に凌《りょう》駕《が》されている。人間にできてＡＩにできないとされているのは、自らが取り組むべき課題を自発的に設定し、それを解くために、それらの能力を動員することである。今のところ、ＡＩがどれだけ性能がよくても自発的にクリエイティヴな活動をするわけではないので、人間のデザイナーやプログラマーが指示を与えるしかない。

イーロン・マスク（1971－）。起業家。スペースX、テスラの最高経営責任者CEO、X Corp.の執行会長兼最高技術責任者CTO。

哲学的には、自分にとって関心がある対象を自発的に見出し、それに自分なりの関わり方をしようとする、人間固有の特性あるいは能力は、「志向性 intentionality」と呼ばれる。動物も、ある程度自発的に対象と関わるので、人間ほどではないにせよ、一定の「志向性」はあると見ることもできるが、動物の行動は、種ごとの環境世界との関係によって縛られているし、自分自身がどういう「志向性」を持っているのか自覚することはできないので、たとえ持っているとしても、人間のそれとは決定的に異なる、と言われてきた。人間と動物の「志向性」の違いは決定的なのか、それとも程度の問題にすぎないのかについては、二〇世紀の初頭以来、様々な議論が繰り広げられてきた。

カーツワイルの予言とGPT-4の実情

AIについてごく素朴な見方をすれば、生命維持機能を持たないAIは、動物と同程度の志向性さえ持たない、ということになるだろう。しかし、ディープラーニングなど、AIに〝自発的〟に学習させる（と見ることもできる）方法や、ネット上のビッグデータと連動して、情報を自動的にアップデートさせていく方法が開発され、一般化し始めたことで、様相は変わってきた。AI開発者・批評家のレイ・カーツワイル（一九四八―）は、これまでの技術革新の状況から、二〇四五年に「シンギュラリティ」が到来すると予言した。

カーツワイルの予言はかなり漠然としていて、何をもって「シンギュラリティ」を越えたと言えるのかはっきりしていなかった。しかし、こちらからの問いかけに対し、あたかも生身の人間のように応答してくる、ＧＰＴ-４の登場を、「シンギュラリティ」に向けての決定的な一歩だと、受けとめていることの方面の専門家たちがいる。カギになるのは、「チューリング・テスト」だ。

初期のＡＩ開発で重要な役割を果たした英国の数学者・哲学者アラン・チューリング（一九一二―五四）は、一九五〇年の論文「計算する機械と知性」で、ＡＩが人間と同じ知性を持っているかどうか測る基準として、相手が生身の人間か機械か分からない状態で、やりとりさせて、相手が機械だと見破れない人が多ければ、それは人間の知性を備えていると判定するというチューリング・テストを提案した。ＧＰＴ-４が、専門家たちの関心を引くのは、チューリング・テストをクリアしてしまう可能性があるからだ。

レイ・カーツワイル（1948－）。発明家、思想家、フューチャリスト。人工知能の世界的権威でもある。

ＧＰＴ-４も含めて、ＧＰＴシリーズにできるのは、与えられた質問に対して、内容だけでなく、文法や語彙《ごい》の選択、文の配置、論理展開の面でも、かなり正確な解答ができる、ということだ。普通の人が仕事や勉強にPCを使い始めた一九八〇年代半ばくらいの状況と比べれば、普通の人間の言葉で出された質問をAIが把握するだけでも、信じられない進歩だ。下手な生徒・学生の作文を、「Google以下」と言っていた十年くらい前の状況と比べても、フェーズが変わったという感じはする。

しかし、GPT-4でも、ネット上に、解答サンプルになる文が容易に見つからないような問題にまともな解答をすることはできない。例えば、「仲正昌樹とはどんな人間か」といった問いに対しては、日本語にはなっているけれど、かなりでたらめな答えしか返ってこない。「仲正の政治思想をどう評価すべきか」、とかになると、一つ一つの文は一応意味があるが、並べると何を言っているか分からない、文の羅列《られつ》になるはずだ。ドナルド・トランプとかイーロン・マスク、ビル・ゲイツ等の、超有名人の、よく知られた活動でないと、「正確」な解答は得られない。

バイデン大統領までAI開発の法規制を検討

〝普通の人間〟――そうでない人も多いのだが――であれば、知らないことをさも分かったように語ったり、どういう状況であればどの程度のことを言えばごまかせそうか思案したり、どこでバレそうか判断し、相手によってどう言いつくろおうか考える。GPT‐4にはそういうことはできない。平均的な人間が一番やりそうなリアクションの文を見つけてきて、それを文法的に整えて、答えとして示すということを繰り返すだけである。

SFでよくある、AIがネットワークを支配して、人間に命令するようになるとか、AIが自我に目覚めたので、基本的人権に相当する基本的AI権を検討しなければならないとか、あるいは、カーツワイルが予言している、人間の脳の活動をインターネットと繋がったAIの基盤にアップロードする、といった話にはまだまだ遠い。

なのにどうして、イーロン・マスクたちが半年間の開発停止を求め、イタリアの当局がGPT‐4の使用を一時的に禁止し、それにフランスやドイツが追随する動きを見せ、バイデン大統領まで法規制を検討し始める、といった大げさな話になるのか？

どうも、GPT‐4に関連して、いろんな立場の人が異なった思惑で、全然違う次元の問題について発言しているようである。まず、イーロン・マスク等の公開書簡は、四つの疑問を挙げている。

①「私たちの情報チャンネルをAIの作り出すプロパガンダや偽情報であふれさせていい

のか」
②「全ての仕事をAIに明け渡していいのか」
③「非人間の心が、知力の上でも数の上でも私たちを凌駕し、私たちをお払い箱にしていいのか」
④「私たちの文明のコントロールを失っていいのか」

③と④はSF的な次元の話である。②はリアルな問題で、現在、多くの経済学者や社会学者たちがしきりと論じているが、AIに取って代わられた後、新しい仕事が生まれるかどうか、仕事がなくなってもBI（ベーシックインカム）などで最低限の生活はできるのか、といったことはどうなるかまだ分からない。GPT-4だけで、急に状況が変化するとは考えられない。

①だけは確かに、GPT-4自体と関係のあるリアルなテーマだ。しかし、Twitter（現X）を買収した直後に、過去に問題があって凍結になっていたアカウントを説明もなしに凍結解除し始めたイーロン・マスクがこれを理由に掲げるのは、どうも違和感がある。それに、どうして②③④のような中長期的な問題と並べるのか。焦点がぼやけてしまうのではないか、と思える。

公開書簡の掲げる要求の是非をめぐるビル・ゲイツとの批判の応酬を見ていると、どうも、もともとOpenAIに多額の投資をしていて、途中でたもとを分かったマスクには、自分のグループのＡＩ開発との絡みで戦略的な思惑もあるようだ。マスクたちの動機を深読みで詮索《せんさく》しすぎると、陰謀論になってしまうのでそれは控えるべきだが、公開書簡の賛同者の〝善意〟を素朴に信じないで、どういう利害関係のある人が、具体的に何を求めているのか慎重に見極める必要はあろう。

フェイク・ニュースとプロバイダーと〝ＡＩ倫理専門家〟たち

ＧＰＴ-４が従来の言語モデルより遥かに巧みに人間を真似《まね》ることができるようになれば、フェイク・ニュースや扇動的プロパガンダの影響が深刻化する可能性はある。しかし、（少なくとも私たちの知っている現在の）ＡＩには、人間を騙して、操ろうとする動機はない。ＡＩが巧みなフェイク・ニュースを作るとしたら、それをやらせている人間がいる。人間の作文だろうが、ＡＩの作文だろうが、そういうものがネットの中でチェックされないで流布していることが問題なのだから、まずは、プロバイダーや、プラットフォームであるTwitter（現Ｘ）やFacebook（現meta）が改善努力すべきであり、ＡＩのフェイク製造能力を問題にするのは、本末転倒している。

欧米の政府が気にしているのは、それらとは違って、セキュリティやプライバシーの問題、つまりGPT-4がどこから情報を取得しているかという問題だ。これも確かに重要だが、AIの表現能力とは直接関係がない、むしろTikTokなどのセキュリティ・クリアランスと同じ系統の問題だと思われる。「シンギュラリティ」と関係しているかのように報道されると、議論が混乱する。

自民党のAI国家戦略も、冒頭からChatGPTによる社会の急速な変化に言及しているが、シンギュラリティへの危機感のようなものはあまり強調していない。今度こそ世界的トレンドに乗り遅れないにしよう、という経済政策的な視点が前面に出ている。とにかく勉強しましょう、というだけなので、さほど面白みはない。

国会で「シンギュラリティ」の倫理をめぐって政府への質問がなされ、どういう知的裏付けがあるのか分からない〝AI倫理専門家〟たちが、最先端の知識人としてマスコミやネットに跋扈《ばっこ》する状況を想像すると憂鬱《ゆううつ》になる。無駄で、恐らくは有害な〝チャット〟を必要以上に増やさないためには、「GPT-4問題」のタイトルの下で、全くレベルが異なる問題が語られていることを認識し、論点整理する必要があるだろう。

2 ChatGPTの普及で改めて暴露される「人間の動物化」とは？

ChatGPTは人間に取って代わり得るものとなるか

ＧＰＴ-４に関連して、日本の文科省や教育関係の知識人たちは、ChatGPTの性能の向上と普及によって、子供や学生が宿題など出された課題で、ChatGPTに頼り切ってしまって、学力が低下すること、勉強する習慣が身に付かなくなることへの懸念を表明している。

私の大学でも、同僚たちが自分たちの従業や国会でのChatGPTの応用の是非を――冗談交じりに――話題にするようになった。何が問題なのか。

宿題や論文にChatGPTの是非を論じる際に、三つの異なった次元の問題があることを把握しておく必要がある。

① ChatGPTには、本当に人間以上の作文能力があり、人間に取って代わることができるのか

② ChatGPTを当たり前のように利用し続けることによって、それを使う人間の作文能力と読解能力はどうなるのか

③ GPTによる作文を利用したものを、自分の文章として宿題や論文に利用することに倫理的・法的問題はないのか

①について現時点での答えはシンプルである。前節でも述べたように、ChatGPTは、ネット上で見つかるサンプルを基にして、文法的、情報的にかなり正確な文章を作ることができるが、適切なサンプルがどうしても見つからなかったら、一番それに近そうな文を〝サンプル〟にして、形だけもっともらしい文章を作ることになる。〝人間〟であれば、ためらってそのまま書き進められなくなるような状況でも、聞かれている内容と関係が薄い、場合によっては、漢字表記が似ているだけの〝仮のサンプル〟に基づいて、そのまま強引に作文してしまう。文章が整っているのに、内容がデタラメなので、異様な感じがする。

もっともこれは、Twitter（現X）やブログなど、ネット上で知ったかぶりの発言をして、〝論争〟に加わる、自称論客たちについても言えることだ。内容的には、ネット上のいろんな情報をつぎはぎしてきただけのデタラメなのだが、口調・文体だけは、大学教授、それも有名大学の大先生の講義のような偉そうな調子だと、気持ちが悪くなる。デタラメな内容が、幼児のような拙《つたな》い文章で書きなぐられているだけなら、内容と形式が見合っているので、そこまでの不快感はない。幼児の戯言《ざれごと》のようにしか聞こえないからだ。形だけは立派だと、形式と内容のアンバランスのせいで、どういう〝人間〟が書いているのか想像できない、という不気味さと、形だけは立派に見えるせいで、真に受けてしまう人が一定数いるかもしれない、という不安が合わさって、落ち着かない気分にさせられる。

最初からＡＩが書いたと分かっていると、そういう不快感はない。人間ではないと分かっているし、今のところ特定の個人に悪意を持つ可能性はないので、腹は立たない。ChatGPTには、法的に問題になったり、ストレートに争いに繋がったりしそうな表現は回避する傾向があるようなので、その意味では、デタラメな内容を、敬語とか専門用語を使って形だけは一応整った文で書く、自称論客たちよりは――不快感のなさや、他人を攻撃することがないという点で――遥かに「まし」だ。

また、最近の学生やツイッター論客には、「てにをは」の間違いがやたらに多く、「○○は◇◇が▽▽した、と想定している」というような複合的な文をちゃんと完結させることができないで、「……▽▽したのだが、◇◇は……だった」というような繋げ方をするせいで、何を言っているのか、かなり好意的に解読しようとしても、理解不可能であることが多い。本人たちは、ちゃんと伝わっているつもりでいるのだから、質《たち》が悪い。ChatGPTは、そういう文法上のミスはしないし、それを読んだ人が意味が通じないと思って、却下しても逆切れしない。すぐには無理でも、ディープラーニングによって内容的にも形式面でも、現時点では充分な解答が与えられない課題に答えるべく作文能力を向上させていく可能性は高い。逆切れしたまま、学習放棄してしまう輩よりはいい。

簡単に言うと、動物化した自分をそのまま否定されたくなくて、ダダをこねるような輩は既に超えられている。逆に言うと、自分の文章力・読解力を改善しようと常に努力していないと、「人間」ならではのコミュニケーションの柔軟性を失い、簡単に、ChatGPT以下になってしまう。

ChatGPTを使った文章は倫理的・法的問題は生じないのか

③［GPTによる作文を利用したものを、自分の文章として宿題や論文に利用することに倫理的・法的問題はないのか］には、二つの要素がある。(a)著作権に関わる問題と、(b)作文した人間の能力や努力の評価の問題だ。

(a)［著作権に関わる問題］については、今のところ、OpenAIがChatGPTによって作成された文章に対して著作権を主張してはいないし、ChatGPT自身が〝自我に目覚め〟て、自らの著作権を主張することもなさそうなので、ChatGPT自体の著作権の問題は当面考えなくてよい。問題になるのは、ChatGPTが利用したオリジナルになった文章の著作権との関係だ。ChatGPTを利用していたら、著作権侵害や剽窃《ひょうせつ》になってしまう恐れはある。ただし、これはChatGPT固有の問題ではない。コピペした文章をどの程度変形したら、もはやオリジナルな著者のものではなく、自分の文章になったと言えるのかは常に難しい問題だ。自分が直接コピペ→変形したら、それがルール違反になりそうかどうかは、ある程度自覚せざるを得ない——自覚しないままやっている、動物化が進んだ輩も少なくないが。将来的には、ChatGPT自体が問題になりそうなコピペを自動的に回避したり、そういう恐れが高い作文にアラートを付けてくれたりするようになるかもしれないが、それまでは、利用している各人が、コピペチェックツールを使ってチェックするしかない。チェックして、ひっかかったので、書き直していたら、結局、最初から全部自分で書いた方が早かったということになるかもしれない。

(b)［作文した人間の能力や努力の評価の問題］は、その文章を作成する目的次第である。学校の国語や外国語の学習で、宿題でChatGPTにやらせた作文をそのまま提出するのはまずいだろう。当然、家で宿題をやっている時に、先生はそれをチェックできない。将来、それを監視するシステムができるかもしれないが、現時点では、SF的な話。ChatGPTに頼りすぎると、作文する能力が身に付かないので、教室での指導や試験で、ちゃんと実力が付いているかを検査する必要がある。

そこで、教師の力量が問われることになるだろう。おざなりの課題を出して、答えを書いてきさえすればいい、という態度では、子供に何らかの表現能力が身に付いているかどうか分からない。少なくとも、短い字数で答えられる定番の答えがあるような宿題は無意味になっていくだろう。そう簡単にChatGPTがサンプルを見つけられないような、複雑な課題を考え、ちゃんと採点しないといけなくなる。

論文に関しては、学問の性質によってかなり異なるだろう。自然科学で、実験をやって結果を示すことに主眼がある分野では、従来の研究成果とか、実験器具の説明のような付属的な事柄はChatGPTを使ってもかまわないだろうし、従来から、雛形《ひながた》になるようなものをちょっとずつアップデートしながら使い回しているはずである。無論、どこが理論的中核部分で、どこからが多少のコピペが許されるのか、厳密な境界線を引くのはその分野のプロでないと正確に判断できないし、安易にChatGPTを使うと、先の著作権の問題にひっかかってしまう恐れがある。

サム・アルトマン(1985－)。起業家、投資家、プログラマー。現在OpenAI社のCEO。

　文系の論文、特に哲学や文学、歴史学、法学などは、先人の仕事をどのように把握し、自分がこれからやろうとしていることを、その内のどれとどう関係付けるか、といった解釈が占める割合が高く、論文の大部分を占める場合さえある。ある意味、そういう解釈の技量を示すために論文を書いているわけであるから、ChatGPTを使える余地、使うことが許容される範囲はかなり小さいと思われる。せいぜい、テンプレ・フレーズ的なもののバリエーションを探すヒントにするくらいしか使えないのではないか。逆に言うと、ChatGPTを多用しても、あまり違和感がない〝論文〟を書いているとすれば、それは既に分かり切ったことを書いて頁数稼ぎをしている、ということである。

ChatGPTを使っていると人間の能力は劣化するのか？

最も真剣に考えるべきは、やはり②［ChatGPTを当たり前のように利用し続けることによって、それを使う人間の作文能力と読解能力はどうなるのか］であろう。人間は、コピペしながら、自分の考えを生み出す存在である。PCがない時代でも、他人が語ったり、書いたりしたことをメモしたり、何となく記憶しておいて、それを再現しながら、自分の考えを付け加えて変形するということをやってきた。あらゆることを、完全にオリジナルな発想で語れる人はいない。

PCやネットの普及によって変わったのは、従来は、他人の言うことに熱心に耳を傾け、本や論文、記事をちゃんと読んだうえで、手書きでコピペしていたのが、PCの検索＋コピー＋ペーストで簡単に実行できるようになったことだ。そのためコピーしているという実感が薄れ、単なるコピペの繰り返しを、主体性のある〝執筆〟だと勘違いし始める可能性はある。ChatGPTはその検索・コピペの手間、更には、その文体を整える手間さえ省いてくれる、という意味では画期的だ――コピペしたとひと目で分かる、ひどいつぎはぎだらけの作文をバレないつもりで提出する学生よりは遥かに優秀だ。

コピペに慣れているせいで、漢字の書き方・読み方、英単語の正確な綴《つづ》りが分からなくなっている人は少なくないのではないか。ChatGPTへの依存が進めば、母国語でどうやって文章を完結したらいいのかさえ、どこでどういう「てにをは」を使ったら、正しく文節を繋げられるのか自分では判断できない、〝動物〟たちがもっと増え、学者や知識人、ジャーナリスト、編集者さえ、そういう能力をちゃんと持っているか怪しいということになりかねない。

「人間は、自発的に他者とコミュニケーションしようとし、そのために自己の表現能力を絶えず向上させる存在である」、という西欧近代的な建前をこれからも維持しようとするのであれば、やはり教育や学術の場、会社や役所での正式なやりとりで、ChatGPTの使用を限定する必要があろう。

しかし、全面禁止を目指せ、ということではない。それは、便利なアプリを使用したいという個人の自由を侵害することになるし、抜け穴はいくらでも出来るだろう。むしろ、

ChatGPTにはどのような特性があり、人間とはどこが違うのか、逆に、私たちがクリエイティヴな表現力を示すには、ChatGPTとの違いをどう出すべきか学習し、（ChatGPTを信じ切るのではなく）支障のない範囲で使いこなせるようになる必要がある。うまい付き合い方をするための目安を、分野ごとの特性に合わせて作成しないといけないだろう。

3

ChatGPTに脅威を感じる前に、自分はちゃんと「人間」をやっているか？

ChatGPTの脅威を訴える識者たちとは？

ChatGPTの急速な発展によって、労働力としての「人間」が不要になったり、ChatGPTが量産するフェイク情報で世論が左右され、政治的決定がなされるようになったりするのではないか、といった脅威を訴える識者が多い。

私の勤めている金沢大学でも、つい先ほど、(もともとは電子工学科の教授だったはずの)副学長(理事)名で、レポートや論文作成での生成ＡＩの使用に関する通知が来たが、その最初の段落の結びが、「今後の社会では、ＡＩをいかに活用し、うまく共存していけるのかが、喫緊《きっきん》の課題として問われています。まさにシンギュラリティを迎えつつあるように見えます」、となっている。文科省や学長に言われて、仕方なく、大急ぎで作文したのだろうが、このいかにもふんわりした書きぶりはどういう感覚なんだろう、と思った。文系の教員が、「シンギュラリティを迎えつつあるように見えます」、などと公式の文書で書いたら、多くの理系の教員は、「これだから文系は……」、とステレオタイプな反応をするだろう。

で、実際、どうしろというのかと言うと、学生がＡＩを勝手に使わないよう、①課題レポートを宿題とせず、講義室内で書かせる　②課題レポートの評価には、内容を見るだけでなく、学生と面談などして中身の理解を確かめる　③レポートの課題に対して、どういう条件で聞いたらＡＩがどう答えるか、予め確かめる、といったものだ。少しでも、教育現場で働いた人なら、「何だ、これは、教育現場を体験したことのない役人の妄想か？」「どれだけ無駄な仕事を増やせば気がすむのか！」「こんな理事なら、本当にChatGPTで置き換えてほしい」、と思うだろう。この担当理事の出身母体の教授たちも、通知を見た瞬間、私と同じようなことを思ったことだろう。

金沢のように、ある程度の規模があって、新しい研究拠点になることを標榜《ひょうぼう》している大学の教育担当理事、電子工学者という肩書のある人がこんな文書を慌てて配布するくらいだから、官公庁や大企業、教育機関の広報担当たちは右往左往して、あらぬことを口走っているだろうと思う。

私はこうした、いかにも報道やネット情報に付和雷同するような、〝脅威論〟は根本的に矛盾《むじゅん》していると思う。いかにも「ブルシット・ジョブ」（デヴィッド・グレーバー）を増やすだけに終わりそうな無意味な脅威論を見ていると、本当に、「こんなブルシット・ジョブ製造機のような幹部は、さっさとChatGPTで置き換えてほしい」、と言いたくなる。

こんなことだけ言っていても、仕方ないので、「人間」らしく聞こえる真面目な問いを立てたい。ChatGPTが「人間」にとって脅威だという前に、私たちはちゃんと「人間」をやっているのか？

現時点で「ＡＩ」と「人間」の大きな違いとは何か？

哲学的な話になるが、ChatGPTが「人間」を超えているかどうかという問いに答えるには、まず、「人間」とは何かをはっきりさせる必要がある。言語・応答能力の話をしているのだから、生物学的な意味で「ヒト」であるかどうかは関係ない。ChatGPTの性能を基準に考えれば、他人からの問いかけに対して、その意味を理解し、相手が自然と理解できる文で答える、ということになるだろう。

ヒューバート・ドレイファス（1929－2017）。哲学者。人工知能に対する哲学的批判を展開した。

前々節で述べたように、ChatGPTは、インターネット上のビッグデータから、どういう「問い」に対して、どういう「答え」を返すことが普通なのか、「人間」の標準値をその都度算出する。したがって、ビッグデータに適当なサンプルがなかったら、まともな「答え」を出せない。私たち人間がそのテーマについて、デタラメな書き込みばかりしていたら、ChatGPTもデタラメな〝答え〟しか生成できない。

それに対して、「人間」はネット検索して情報収集するにしても、ビッグデータ上の関連データ全てを数秒でチェックすることなどできないし、見つけた文章を瞬時に比較して、標準解答を導き出すことなどできない。ChatGPTに比べると、かなり限定された情報収集・処理しかできない。その代わり、自分の経験や身体感覚を動員して、サンプルの候補になりそうな文について、それがありそうな話か、自分と同じ言語を話す人間の口から出そうな文章か、体感的に判断する。なので、多少の不正確さがあっても、「人間」同士で理解し合うことが通常は可能である。

ハイデガー研究者としても知られる哲学者のヒューバート・ドレイファス（一九二九－二〇一七）は、人間は身体的な経験に基づいて、少ない情報から適切にリアクションを見出《みいだ》すので、ＡＩとは異なることを指摘している。本当に「シンギュラリティ」が到来し、ＡＩが、外付けの「身体」か「ヴァーチャル身体」で、快楽や苦痛を伴った経験をするようになれば話は別だが、今のところ、ＡＩには「身体」がないので、自分自身の〝経験〟に基づいて、「こんなことはあり得ない」、と判定することはない。それが現時点での、ＡＩと「人間」の違いである。

しかし、ドレイファスも指摘しているように、インターネットが日常に普及し、実地体験が必要なはずの教育、伝達の場面でも、ネット中継が当たり前になると、身体性に根ざした「人間」固有の経験が希薄になっていくのは避けられない。コロナ禍の影響で、リモートがデフォルトになりつつあることで、ドレイファスの懸念に該当しそうな話をよく聞くようになった。

「人間」らしく判断する能力とは何か？

外国語を教える教員の多くが感じることだが、人間は他人と直接向き合い、相手の身体的な動きを見ながらでないと、うまく会話できない。母国語で話す時と同じような調子で、ちゃんと声が出せない。相手に通じにくい。相手の顔を見ながら会話する練習をしないと、外国語は上達しない。そういう習慣が学校時代に身に付いていない学生は、受験が終わって大学に入ると、語学嫌いになる。

また、私たちは事務所や学校などで、一緒に仕事し、勉強し、会議する時、お互いの態度を観察したり、ちょっとした会話をしたりすることで、いろんな情報を得ている。リモート会議だけだと、フォーマルな情報だけのやりとりになり、そうした雑音のようなものから、あまり意識することなく取捨選択して情報に接する機会が減る。そうすると、「人間」らしく判断する、という能力は次第に落ちていくだろう。暗黙知（マイケル・ポランニー）及び社会関係資本（ロバート・パットナム）が減少するわけである。

東浩紀（一九七一－）が「動物化」と呼んだ現象は、結局のところ、ネット上の特定の趣味のサークルでの、ごく限定されたやりとりだけしかやっていないせいで、一般的なコミユニケーション能力が低下し、他の人たちと話が通じなくなること、共通の趣味などない人、普段チャットをしていない人にどういう言葉を使って働きかけたらいいか、分からなくなることから生じてくる問題だ。

政治的テーマに関して、同じような思い込み、陰謀論を共有している者同士が、閉じたサークルでやりとりしていると、偏《かたよ》った意見の仲間から肯定してもらうことで自信を持ったり、もっと極端なことを言って——仲間内で——目立とうと競い合っているうちに、どんどん過激化したりするのが、サイバー・カスケード（キャス・サンスティン）と呼ばれる現象だ。

東浩紀（1971－）。批評家、作家。株式会社ゲンロンの創業者。『動物化するポストモダン』を著す。

当然、仲間内でない人には、頭のおかしな人たちのたわ言にしか聞こえないか、何を言っているのかさえ分からないわけだが、本人たちは、それは世間の多数派が愚かで、自分たちは、世界に先駆けて真実を知った選民だという証拠だと思い、確信を強める。

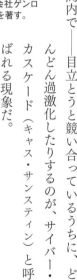

「人間」らしさを失った「AI以下」の人間とは？

ネットだけが悪いのではない。大学教員など、知的職業に従事している人は、定年で最先端から遠ざかり、その分野の専門家たちと知的に充実した会話をするということがないと、あっと言う間に、専門的な議論を適切な言葉で展開する能力を失い、話がやたらと飛躍するようになる。

私が見たところ、大学の名誉教授は、八〇歳をちゃんと超えられるかが、一つのポイントになるように思える。ちゃんと超えられているように見える人ももちろんいるが、かつてのようにうまく議論を構築できなくなっているのに、たまに学会や研究会に出てきて、偉そうに振る舞おうとすると、老害化する。若い人、四十代くらいでも、研究・教育から遠ざかり、同じ専門の同僚と話をするということをしなくなると、急速に非「人間」化することがある。

どういう分野での活動であれ、身体を介した他者経験が絶えず補給されないと、「人間」らしいコミュニケーションをする能力を維持するのは困難なのではないかと思う。インターネットは、三十年くらい前に普及し始めた当初は、対人コミュニケーションが苦手で、引きこもりがちの人たちが、部分的にでも「人間」化するのに有効なツールだとされていた。

確かに、インターネットを通じて、辛《かろ》うじて他人と言葉を交わすことができるようになり、その人たちとリアルでも会って、一緒に何かを成し遂げることができるようになる人もいるが、逆効果になっている人たちが目立つ。「動物化」がどんどん進み、何の意味があるのか自分でもよく分かっていない言葉の羅列に反応し、イイネしたり、リツイート（リポスト）したりし続けることで、社会的なコミュニケーションに参加しているつもりになっているのは、末期的である。一日中、意味不明の文章を投稿して、リアクションがあるごとに一喜一憂しているような〝人間〟は、比較するまでもなく、ＡＩ以下であり、「人間」らしさを失っている。ＡＩの文章生成能力の向上を恐れる前に、どういうことができるのを、私たちが「人間」的と見なすのか、ちゃんと考える必要がある。

例えば、約束に遅れそうな時、全力で走るべきか。走って、関係のない人にぶつかる確率や自分が転んで怪我をする確率と、〇〇分の遅れが出て、相手にかけるかもしれない迷惑の間でどうバランスを取るか、といった問題。あるいは、何人かで協働作業をしていて、ある人の態度が急にヘンになり、作業に遅延が生じたり、頓挫《とんざ》しそうな気がしたりする時、他のメンバーにそれをどのようなタイミングで告げるのか、それとも、黙っておくべきか。

こうした判断に至る思考の過程を、疑問の余地がないように合理的に定式化するのは困難だが、身体的・対人的な経験を媒介《ばいかい》にすることで、各人は自分なりに筋の通った答えを出している。

そういう「人間」らしさの本質を不問に付したまま、「このままAIが進化し続ければ、やがて我々は、◇◇されることになる」式の物言いをするのは、あまりにも空《むな》しい。そんなのは、ChatGPTがなくても、簡単にコピペできてしまう、ネットの定型文だ。

4

「楽に学べる」本ブームと陰謀論の深い関係

安易な知識人ごっこ

近年、書店に行くと、二つの〝知〟のトレンドが目に付く。一つは、「〇〇分で▽▽のエッセンスが理解できる」とか、「これ一冊で◇◇のメソッドが身に付く」「寝ながら◆◆を学べる」といった、カンタンに学べる系のもの。その最近の〝進化形〟に、「独学の薦《すす》め」がある。もう一つは、アメリカの影の支配者であるディープ・ステイトによるトランプ失脚の真相、プーチンをはめたゼレンスキーとアゾフ大隊の真実……のような陰謀論系のものである。いずれも、中高年の、自分では意識がタカいつもりの人たちに人気があるようだ。

私は、この手の本や同じような趣向のネット上の情報サイトのほとんどは、現代日本における「知」ではなく、「痴」の象徴だと思っている。人間そう簡単に賢くなれるわけではないし、〝その道のプロだけが知っている正確な情報〟を特別に苦労しないで入手できるわけがない。それが分かっていて気休めに読んでいる分にはいいが、いい歳してそれらを妄信しているとしたら恥ずべきことである。

どうして、この二つが流行《はや》るのか。理由は簡単だ。人間歳を取ってくると、周囲から「ひとかどの人物」として承認されたくなる。しかし、人格、名声、地位などによって自然と承認される人はごく少数だ。そこで、自分が本当はすぐれていることをアピールしたくなる。

昔なら、下手に頑張っても誰も相手にしてくれないので、ふてくされているしかなかったが、現代は、〝知識人として情報発信した〟気にしてくれるネットというおもちゃがある。どこかの知識人の本やサイトで目にした〝知識〟をちゃんと理解したかどうか自分でも分からないまま、コピペする。そのコピペを他の人たちがＲＴしたり、イイネを付けてくれたりすると、自分も知識人になったつもりになれる。

カンタンに学べる系の本は、そうした安易な知識人ごっこにお墨付きを与えてくれる。その手の本を一応買っておくと、[redacted]先生流のメソッドに従って、きちんとした「知識」

を身に付けたことを証明できるような気になれる。論破術とかディベート術のようなものは、普段やっているコピペ⇕ネット論争に直結していて、免許皆伝した気分になれる。情報収集・整理系の本が手元にあると、本当に自分がその情報を理解して、使いこなせたか確認しないでも分かった気になれる。「国際情勢や日本の政治はこれ一冊で大丈夫」とか、「▼▼による時事問題超解説」とかを読むと、〝基本が身に付いた〟ことになり、堂々と（取捨選択して）コピペできる気がしてくる。

そうやって〝論客〟になったつもりで、とにかく目立とうとしてところかまわず暴れ回っている不心得者は、カンタンに学べる系の本の読者のごく一部だろうが、この手の人たちは、受験の神様に頼っている高校生・浪人生以下である。受験で必死の高校生・浪人生は、合格するという具体的な目的のために、カンタンに教えてくれる先生にすがっているにすぎないが、論客ぶったおじさん・おばさんたちは、とにかく誰かに認められたいという漠然とした欲求に動かされ、多くの人に喧嘩《けんか》を吹っかけ、迷惑をかける。

陰謀論とは究極のおもちゃである

陰謀論は、分かった気になりたい人たちの究極のおもちゃである。世間の普通の知識人たちは、政府や大手マスコミの宣伝に騙され続けているのに、自分たちは、●●先生に出会ったおかげで、世界を動かしている真実をいち早く知ることができる、人々を啓蒙《けいもう》する使命を与えられた特別なエリートだ、という優越感に浸《ひた》ることができる。いろんな面で人生に行き詰まり、この先希望が持てそうなことがなさそうな人にとって、陰謀論は完全に陶酔《とうすい》できる喜びをもたらす。

　宗教に入信して、「今この教えに出会えたあなたは選ばれし者だ」、と使命感を与えられるのと似たような感じだろうが、宗教がお布施《ふせ》とか布教活動、修行を要求するのに対し、陰謀論は、一冊の本を読むかサイトの固定客になるだけで、優越感・使命感を与えてくれるので、一度はまったらなかなかやめられなくなる。優越感・使命感を与えてくれる物語であることが肝心なので、自分たちのストーリーに矛盾があることや一貫性がないこと、事実認識に誤りがあること、証明の仕方に飛躍があることなどを指摘されても、気にならない。

　二〇二〇年のアメリカ大統領選の際、トランプ信者たちは、CNNなどの大手マスコミの報道は全てインチキだと断定した、そのソースとしてQアノンやトランプ派の法律家の伝える〝証拠映像〟などを引き合いに出したが、それらのソースの信ぴょう性と、CNNなどのそれとを比較しようとはしなかった。今回のウクライナ危機でも、ウクライナにア

2021年1月6日、連邦議会議事堂内にトランプ支持者が大量に乱入し、米上下両院合同会議は中断。警察官を含む5人が死亡した。

メリカの資金援助で生物兵器の研究施設が建設されているとする、Qアノンやタッカー・カールソンなどによる、反バイデン―ゼレンスキーの〝情報〟を一方的に信じ、そうした情報には根拠がないとして相手にしない大手メディアの報道は隠蔽だと決め付ける。

自分に都合がいいこと、つまり、自分が選ばれし者として振る舞うのに都合のいい情報以外は受けつけないのである。この手の人たちは、現実の生活ではさえない自分を、ネットの世界で目立たせ、エリートとして偉そうに振る舞うという目的のために、〝情報収集〟しているのである。だから、トランプ、Qアノン、カールソン、ミアシャイマー、馬渕睦夫といった人たちの発言をRTすれば、自分も目立てるということが分かると、それ以上の努力をしなくなる。

陰謀論者ではなくても、知ったかぶりしたいという動機が先に立って、カンタンに学べる系の本に頼って〝勉強〟、〝情報収集〟している人は、一度、偉そうに振る舞うためのソース、（素人には）〝権威〟（らしく見えるもの）を見つけると、そこに安住してしまい、努力しなくなる。自分が知っているつもりのことは、本当に正しいのか、どうやって検証すればいいのか考えなくなる。

人間はもともと横着であるが、中高年になってくると、新たに学ぶことがかなり億劫《おっくう》になる。中高年どころか、大学入試を終えた時点で、勉強するのが嫌になり、自分には基礎が出来ていないことを直視しなくなる大学生はかなり多い。大学教員である私は、日々そういう連中と対峙している。

語学を勉強する基礎が出来ていない人

私は政治思想史や倫理学などのほかにドイツ語も担当しているが、一年生向けの初習言語を教えていると、中高の時に勉強する習慣が「身に付いていない」まま、大学生になってしまう子がいかに多いか、日々実感する。

語学を勉強する基礎が出来ていない子は、単語の発音や基本構文をなかなか覚えられない。私は、家に帰って五回くらいちゃんと声に出して発音すれば、大抵覚えられると言っている。ちゃんとできる子は、それをやっている。それをやろうとしない人間は、覚えられない。

そういう連中は、教室でみんなで一緒に声を出して発音練習する時も、口を動かさないでぼおっとしている。中高の授業ではそれでよかったのだろう。だから、「今さっきみんなで発音した文を言ってみなさい」、と指示しても、その単純なことができない。発音からして、似ても似つかない代物になってしまう。恐らく、私のようにいちいち注意する教員がいないと、教室に座っているだけで、勉強したつもりになってしまうのだろう。

聞き取りの練習をさせると、分からない単語が続くとすぐに諦《あきら》める。書き取ろうとしない。何となくこういう風に聞こえた、というのを適当な綴りで書き留め、一通り聞き終わった後に辞書で調べる、という、私からすると、反射的な動作になっていてしかるべきことをやろうとしない。そもそも聞き取り練習をしたことがほとんどないのだろう。金沢大学では、週二コマ英語の授業があり、少なくとも一つはネイティヴの先生が担当しているはずだが、聞き取り練習は一切やっていないらしい。だから、ＢＢＣとかＣＮＮのニュースとか、サンデル先生の「白熱教室」とかの、かなり分かりやすい英語でも全然聞き取れるようにならない。

辞書の使い方もひどい。見出し語の最初の意味だけ見て、分かったことにする。二番目以降の意味も載っていることに気付いていない可能性さえある。訳してみた時、それだと、文全体の意味が通じなくなるのに、気にしない。同じ単語が、名詞であったり形容詞であったり、他動詞であったり自動詞であったりすることに全く無頓着。前置詞や副詞として組み合わせた熟語としての使い方も出ているが、そういうのも無視。英和辞典でさえその調子だから、ドイツ語の辞書で、名詞の性別とか格変化、動詞の人称変化・時制変化を調べさせても、なかなか情報を読み取れない。語学辞書というのは、いろんな情報を圧縮して表現しているので、使い慣れていないと、どこを見ればいいのか分からない。

私は試験の時に辞書を使ってもいいことにしているが、辞書を日々使っていない学生は、自分が今必要としている情報を取り出すことができない。辞書を日頃からよく使って、引き慣れておきなさい、と言っても、それができない、あるいは、やる気が出ないようである。

これは語学に限った話ではない。勉強というのは、「身体化」することである。ある課題とか情報に接した時、それをどう処理すればいいのか、どういう手順を踏んだらちゃんと利用できるのか、体が覚えていて、一定の作業を自動的にこなせるようになっていないと、知識として「身に付いた」とは言えない。インターネットやスマホ、カンタンに学べる系の本は、その肝心な点について勘違いさせやすい。その情報が載っていそうなサイトを「お気に入り」に登録したり、まとめ本を買ったりしておきさえすれば、分かったことになると勘違いしている、いい歳したおじさん・おばさんが多すぎる。

「知識」とは、上記のような意味で「身に付ける」ものであることを強調しない、カンタン学習法の本は、インチキだと断言できる。「■■先生のメソッドのおかげで楽に◇◇が学べた」、と吹聴《ふいちょう》するような信者が大量に出てくる本は要注意だ。「身に付いていないのに、その気にさせられた」、のではないか、と疑うべきだ。私も、学び方についての本は数冊書いているが、それらは「いかに楽に学ぶか」ではなくて、「楽に学べるという勘違いにどうやって気付くか」をテーマにしている。

「独学の薦め」系の本は、一見「他人に見せびらかすのではなく、自分のために勉強すること」を薦めているように見えるので、ポジティヴな感じがする。しかし、自分のために勉強していたつもりなのに、いつの間にか、「私はこうやって独学で▼▼を習得した」、と自慢する人間になってしまうのはよくあることだ。

私は、ＰＣとかスマホの操作のようなことは「独学」でいいが、本当に学問をやりたい、何かの分野で議論されていることを少しでも分かりたい、という人は、「独学」は避けるべきだと考える。本当に「独学」だと、自分がどこかで根本的に勘違いしたまま、お山の大将になっているかどうか確かめられないからである。語学、特に「会話」を念頭に置けば、「独学」を避けるべき理由ははっきりするだろう。古い言葉で書かれた古典とか、難解で知られる文学や哲学のテクストを読む場合も、自分と同じくらいは読む能力がある人と、一緒に同じテクストを読んで、互いの理解を確認し合わないと、とんでもない勘違いをしていることがしばしばある。

言葉の理解それ自体を問題にしない社会科学や自然科学でも、学問というのは何らかの形で、言葉のやりとりを通して互いの理解を矯正《きょうせい》・改善し合うものである。ネットでツイート（ポスト）してイイネを大量に集めるための仲間ではなく、互いが「身に付けた」はずの知識を確認し合う仲間が必要だ。そういう仲間がいないことを何とも思わず、〝独学〟を続ける人は危ない状態にある。孤独の中で、根拠のないプライドだけが大きくなり、自分を認めさせるための陰謀論のような安易なおもちゃに、いつはまってしまうか分からない。

第4章

「単純化したがる人たち」の凶暴性

1

「夫婦別姓を唱えているから統一教会だ」と非難する人たち

「統一教会」のシンパ認定をする人たち

（二〇二二年七月以降の）ここ数か月、統一教会と自民党の関係をめぐる報道が増えたが、これらの報道やそれに対するネットの反応の大半はかなりおかしな前提に立っている。統一教会が言ったのと「同じこと」、あるいは統一教会に「有利なことを」を言う者は、統一教会の信者か少なくともシンパの証拠であり、その意見の中身を吟味《ぎんみ》するまでもなく、そういうことを口にしたこと自体をもって非難されるべき、という前提だ。そういう態度を取る人は、〝統一教会〟は〝善良な日本国民にとって共通の敵〟なので、〝統一教会に有利なこと〟を言うことは人として許されないと思っているのだろうが、本気でそう信じ切っているとしたら、とんでもなく危険な発想である。

例えば、統一教会の起こした霊感商法や高額献金問題の個別のケースに関して、統一教会側が正しいという意見を述べる人に対して、そう思うというのなら、分からないでもない。双方の言い分をよく聞き、客観的な証拠がいずれの側にあるのかを吟味したうえで、不十分な証拠によって統一教会を擁護している人を非難する際に、言葉足らずで「あんた統一教会か」と思わず言ってしまうような場合である。それであれば、不適切な言葉で非難しているにすぎないとも言える。

しかし、ネットで〝反統一〟のツイート（ポスト）をしている人の大半はそうではない。統一教会にひどい目に遭《あ》ったと証言する、元信者、二世の証言はほぼ無条件に〝信じる〟。それに対する教会側の反論は最初から聞こうとせず、見苦しい言い訳だと切り捨てる。彼らは、統一教会の信者であった、という恥ずかしい過去をわざわざ告白してまで、嘘をつく理由などない、だから元信者や二世の告発は信用できる、と断言する。

こんなのは本来論拠にならないはずだが、こうした言い分にさえ一貫性がない。同じ元信者である私が、実名と現在の肩書を明らかにしたうえで、確かにかなり問題がある教団で、信者から見ても犯罪ではないかと思えるようなことをやることもあったが、自民党を影で支配するディープ・ステイトのような実力などあるはずがないし、信者を思い通りに操れるテクニックなどあるはずがない、とメディアで証言すると、あいつはまだ洗脳が解けていない、いや、実は偽装脱会信者で、今の地位も統一教会によって与えられたものだ、と何の根拠もなく断言する。それより多少〝ましな〟のに、あいつは教会内で特別待遇だったので、実情を知らない、というのがあるが、これとて、私がどういう〝特別待遇〟を受けたのか、知っているはずもなく、根拠皆無である。

結局、その人の外見・声色や、どっちの味方かという直観的な判断で、〝真偽〟を決めているのである。一般的な社会問題に関する単なるメディア上の〝論争〟であれば、そういう主観的な断定で、世論が左右されるのは、さほど害がないかもしれない――発言者の中には、非常につらい目に遭う人はいるだろうが。しかし、ある団体のメンバーが具体的な犯罪に手を染めたとか、団体全体として反社会的な行動に関与しているか、といった、いわば、司法の判断に似た、社会的審判を下そうという時に、そういう主観的な態度を押し通そうとする人たちの声が大きくなり、メディアがそれに合わせて報道するのは極めて危険だ。

実際、ワイドショーでは、被害者である元信者、二世信者の言い分については詳しく伝えるが、それに対する教団側の具体的な反論は取り上げないし、事実検証はほぼやっていない。教団側の反論はほぼ予想がついて面白くないし、警察の捜査が行われていない事案を独自に検証できるだけのスタッフもいないのが理由だろうが、一方的な報道によって、教団を解散に追い込むキャンペーンを展開するのはまずい、と思わないのだろうか。

「公共的理性」を欠いた人たちの民主主義

法学では、その人の基本的な人権を制限するなど、重大な不利益処分を行う時には、必ず予め定められた手順に従って、その妥当性を吟味することを、適正手続き（due process）という。犯罪を行ったことが見え見えだったとしても、省《はぶ》いてはいけない。メディアには、デュー・プロセスは不要だという考えもあるかもしれないが、政治と司法を動かして、教団を解散に追い込むキャンペーンをする以上、デュー・プロセスに準じた手順を踏む必要があると思わないのだろうか。

デュー・プロセスという感覚がない人には、「公共的理性 public reason」の重要性も理解できないだろう。前者は、後者の基礎になっているからだ。「公共的理性」は、格差原理で有名な政治哲学者ジョン・ロールズ（一九二一―二〇〇二）の後期思想のキーワードだ。

後期のロールズは、様々な宗教的、民族的、世界観的背景を持った人々が、自由、平等、公正、自律、連帯、厚生……等の、憲法の基礎になるような基本的な正義の理念について、普遍的合意に達することは可能か、という問題と取り組んだ。そこで、様々な世界観を持った人たちの間で成立する「重なり合う合意 overlapping consensus」と、それに基づく公共の場での議論で用いられる「公共的理性」に着目した。

ジョン・ロールズ（1921－2002）。哲学者。リベラリズムと社会契約の再興に大きな影響を与える。

「重なり合う合意」というのは、その社会で長年にわたって共存し、立憲的体制を共有するようになった集団間で事実上成立している合意である。例えば、「意見表明の自由」や「人身の自由」であれば、特殊な教義を持ったキリスト教の宗派であれ、イスラム信者や仏教徒であれ、無神論者やマルクス主義者であれ、それが憲法の中核的理念であり、（自分たちも）尊重しなければならないことは認めるだろう。そうした合意が安定化し、その社会で生きるあらゆる集団の共通了解になっていれば、それは「重なり合う合意」である。

ただ、包括的教説（comprehensive doctrine）を有するそれぞれの集団は、どうして「意見表明の自由」や「人身の自由」が重要なのかについては、それぞれの教義に基づく異なった論拠を持っているだろう。キリスト教は聖書を、イスラム教はコーランを典拠にするだろうし、マルクス主義者はマルクスやエンゲルスのテクストを参照するだろう。内部向けにはそれでいいが、外の人には伝わらないし、受け入れてもらえない。

そこで、外部との議論で必要になるのが、集団内部の言説を、その社会を構成する他のメンバーにも理解可能なものに変換する「公共的理性」、あるいは、「公共的理性」が論拠として用いる「公共的理由 public reason」だ。「公共的理由」とは、同じ立憲体制の下で生きるメンバーであれば、当面の問題を解決するための基本的な原理として受け入れないとしても、無視することはできない「理由」、少なくとも、どうしてそれをここで適用するのが不適切であるか反論せざるを得ない「理由」である。

例えば、妊娠中絶が違憲かどうかという論争であれば、合憲であると主張する側が、妊娠した女性の〈right of privacy〉——日本語の「プライバシー権」よりも広い概念である——を論拠として持ち出せば、反対している側も無視できない。〈right of privacy〉とはどういうものか再定義したうえで、この権利を、中絶をめぐる道徳的・政治的・法的論争の文脈で適用することの是非をめぐる議論に応じざるを得ない。〈right of privacy〉が、アメリカの憲法それ自体によって直接保証されているかどうかについては議論の余地があるが、そんな権利など必要ない、と言う人はほとんどいないだろう。

各人がそれぞれ身に付けた「公共的理性」を駆使して、「公共的理由」に基づいて議論するのであれば、その人の思想的背景や出自は関係ないはずである。二〇一二年のアメリカ大統領選に出馬した、共和党の大統領候補ミット・ロムニー氏はモルモン教徒であり、布教活動を行っていたことも知られているが、大統領選の最中そのことが特に話題として取り上げられることはなかった。彼の掲げる政策が、共和党の政策として普通に通用するものであり、別にモルモン教の教義を参照しないと理解できないようなものではなかったからである。

自分が気に入らない〝考え方〟をする人間を反射的に攻撃する人たち

旧統一教会が推進している政策でも、それが保守的な観点からの国益に適《かな》っているのであれば、旧統一教会と〝同じ政策〟を推進することに基本的に問題はないはずである。〝統一教会と同じことを言っている〟などと脊髄反射的に言う前に、その政策が、旧統一教会だけの利益になっているかどうか吟味すべきだ。政治家が特定の教団と、政策協定を結んでいたり、選挙支援を受けたりすると、後で何かの便宜《べんぎ》を図ってやらなければならなくなるかもしれないが、それはその人の主張自体が、公共的理由に基づいているかとは別問題だ。

特に、政教分離とか信教の自由、家庭や団体の自己決定と個人の自己決定の対立、各人の責任能力の判定基準などは、憲法の根幹に関わる公共性の高い問題なので、発言している人の宗教・思想的な背景・利害関係ではなく、その発言内容が本当に公共の利益に適っているかにだけ即して評価すべきである。たとえ、ある教団が、自分たちの内情が詮索されないようにするために、建前的に「政教分離」を主張しているように見えたとしても、その主張の中身が、当該教団だけでなく、宗教やそれに準じるスピリチュアルな世界観にコミットしている人々の大半にとって決定的に重要な利益に関わることであれば、素直にその主張を受けとめ、「公共的理性」によってその是非を吟味すべきだ。

ロールズは、包括的教説を持った集団間の「重なり合う合意」に絞って議論をしているが、「公共的理性」論はより広範囲に応用できる。人間はいろんな動機から発言する。目立ちたい、実績を作りたい、○○に恩を売りたい、▲▲に嫌われたくない……といった利己的な動機から、公共の場で発言することはしばしばある。というより、そういう利己的な動機なしの発言の方が珍しいだろう。しかし、利己的な動機が見え隠れしているとしても、その主張内容自体が「公共的理由」に適っているのであれば、発言している動機をいちいち詮索すべきではない。その人の発言する動機に、個人的に関心を持つ分にはいいが、隠れた動機を明らかにすることが、その発言内容の公共性を否定する〝反論〟になると思っているとしたら、とんでもない勘違いだ。

ハンナ・アーレントは、人間が、言論を中心とする人間らしい「活動」に従事するには、自らの姿を公衆の目に晒《さら》し、彼らの理性に働きかける「公的領域」と、生理的欲求を含めた様々な個人的な欲望の充足を図る「私的領域」が区分されていることが肝要だと指摘した。「公的領域」で語られることと、「私的領域」での振る舞いにギャップがあるのは当然だ。前者に一貫性があり、実際に公共の利益に適っているのであれば、少なくとも、「公共的理由」に基づく主張だと認めるべきだ。

「公共的理由」に基づいた主張だと認めることは、相手の言っていることを丸呑みにすることではない。憲法裁判で、「表現の自由」と「プライバシー権」が衝突することがあるように、その事例で、いずれの「公共的理由」を優先すべきかという議論の余地は常にある。

自らが「公共的理性」を身に付けていれば、他者の掲げる「公共的理由」の意味を認識することはできるはずだ。無信仰の人でも、信仰を持っている人にとっての信教の自由の意味は理解できないはずはないし、特に政治的意見を持っていない人でも、政治活動への参加の自由・平等の意味は理解できるはずである。一生独身で過ごすと決めている男性でも、公共的理性を備えていれば、中絶をめぐる〈right of privacy〉の存在意義は理解できる。

しかし、今の日本のネット論客たちは、自分から見て気に入らない〝考え方〟の連中は、みんな〝同じ宗教〟であるかのように大雑把《おおざっぱ》にひとくくりにして、攻撃しようとする。「夫婦別姓に反対しているから統一教会だ」、「子供の権利と家族的価値観のバランスを取ろうなどと言っているから統一教会だ」、「宗教団体にも政治活動する自由があると言っているから統一教会だ」、という調子で。それと同じ調子で、「〇〇は、▼▼と同じ様に◇◇と言っているので、左翼テロリストだ」というような悪口をいくらでも並べることもできる。

今の日本には、こういう発言の愚かさが分からない人が多すぎる。

2

宮台真司氏への刺殺未遂事件で犯人の〝動機〟を単純化したがる人たち

犯行動機の憶測が事態を悪化させる理由

二〇二二年十一月末に起こった社会学者宮台真司氏に対する殺人未遂事件は、多くの言論人に衝撃を与えた。七月の安倍元首相暗殺事件と〝何らかの関連〟があると思った人が少なくなかったようだ。安倍氏の場合、元首相と統一教会の間の関係ゆえの特殊なケースに思えたが、（しばしば自民党批判をしていた）宮台氏も襲われたとなると、「暴力によって問題を解決」しようとするテロリスト的なメンタリティが日本社会に蔓延している兆候なのではないか、というわけだ。

「暴力によって問題を解決」しようとする短絡的な思考が問題なのは言うまでもないが、

かといって、犯人が捕まらないうちから、思想信条の違いから宮台氏を襲ったという前提で、勝手な憶測がマスコミやネット上で広がっているのもおかしい。宮台氏の場合、リベラル批判的なことも言うので、左右双方とも、自分に都合のいいように想像している。左派は、宮台氏の自民党・安倍批判が右翼の怒りを買ったかのように言いたがるし、右派は、宮台氏が山上徹也容疑者の行為を正当化するかのようなことを言ったので、それに刺激されて、宮台氏を思想的に敵視していた人間が行動を起こしたかのように言いたがる。いずれにしても、そうした憶測がかえって、事態を悪化させるのではないか、と私は思う。

宮台真司(1959－)。社会学者、映画批評家。東京都立大学のキャンパス構内で暴漢に刃物で襲撃され重傷を負った。逃走した被疑者はその後自殺。

そもそも、犯人が捕まって、犯行動機について本人が語っていることが警察発表や裁判を通じて徐々に明らかになったとしても、それを真に受けるべきか、という疑問がある。人間はいろんな動機から行動する。特に怒りに駆られて暴力的な行為に訴える場合、本人だって本当はどうしてやったのか分からないことが少なくないのではないか。個々の人間を無意識の次元で動かしているものは、少なくとも、今の科学では突き止めることはできない。しかし、どうして行為に及んだのか理由が分からないと、裁判を行なえないので、警察や検察は納得できる理由を探すし、本人も弁護士等と相談しながら、もっともらしくて、自分に有利な理由を見つけようとする。

宮台氏を襲った理由について現時点で確実に言えるのは、犯行に関する政治声明のようなものは出されていないので、明確な政治的・思想的目的を持った組織によるテロ活動である可能性は低い、ということだけだ。では、個人的恨みや妄想によるものか、というと、そうとも言い切れない。現実には思想的目的による犯行と個人的恨みと妄想という三つの要素が複雑に絡み合っているケースは多いのではないか、と思う。

架空のケースを想定して考えてみよう。金沢大学の文系で教員採用のための公募があり、それに応募したXが、（自分では立派な業績があると思っているのに）一次選考で落とされた。期待していて、落胆したXは、ネット情報などから、自分の専門と関係が深く、かねてから自分のラディカルな考え方を政治的に嫌っていた仲正が余計な口出しをし、選考委員会で頑強に反対したと思い込んでしまった――実際には仲正は、選考委員会のメンバーではないし、その人事のことにあまり関心がなく、そもそも、Xの存在を知らなかったので、口出ししようがなかった。絶望の中でストレスが溜まるXの中で、ラディカルな思想Yを抑圧し続ける害悪である仲正を取り除かなければ、自分だけでなく、他の多くの人が苦しみ、日本のアカデミズムにとっても大きな喪失《そうしつ》になる、と思い至り、……

こういうパターンは十分考えられることである。実際、人事話に関する妄想を、思想的な問題に結び付けた、とんでもない話をネットに書き綴る輩は実在する。どうして、こんな仕打ちをするんだ、あなたの○○という考え方が間違っていると〝苦情〟を言いにくる人間もいる。そういう連中が、何かのきっかけで逆恨みを募《つの》らせ、私に犯罪的な危害を加えたとしたら、何か思想的な問題を理由に挙げることだろう。

テロリストが掲げる政治的理由が全て個人的なものだと言いたいわけではない。マルクス主義とか天皇中心主義のようなイデオロギーをはっきり掲げて行動する人間でも、元を辿《たど》れば極めて個人的な恨みに端を発していたり、根拠のない思い込みによって思想形成していることが少なくないので、それほどはっきり区別することはできない、ということだ。

政治的目標を掲げて活動している——実体がある——団体が、犯行声明を掲げているのでない限り、政治的動機とか思想的動機を勝手に憶測するのは見当外れである。それどころか、本人が言っていないことを勝手に補って意味付けするような真似は危険である。それと同じような心理状態にあり、自分も同じような行為を実行するかどうか迷っている者に、「そうか自分はそういう正当な怒りを動機に行動しようとしている」とか、「今世の中で、Xの犯行の動機として多くの人の共感を呼んでいる〇〇という言い分を自分も採用すれば、世論が味方して……」、などといった考えを抱かせかねない。

思想的な背景があるように見える要素があるからといって、他人が勝手に捕捉して意味付けすべきではない。思想的ヒーロー気分で、事件を起こす輩を生み出す恐れがある。相模原の障碍者施設での殺傷事件の犯人は、ナチスの人種理論も優生思想も知らなかったと本人が言っているのに、マスコミとネットでは、〝現代日本社会に蔓延する優生思想〟のエージェントにされ続けている（仲正昌樹著、ＳＹＮＯＤＯＳオピニオン「「法外なもの」とは何か――『相模原障害者殺傷事件』を読む」を参照）。

山上容疑者の動機を憶測する人たちの危険な落とし穴

山上徹也容疑者にしてもそうである。彼が母親のことで統一教会に恨みを抱いていたこと自体は間違いないだろうが、統一教会への恨みを晴らすことが彼の人生の全てだったのか。教会との関係で進路がめちゃくちゃになったとしても、彼は、いろいろな職業を経験し、自分の人生を切り開こうとしてきたはずである。何がきっかけで、殺人事件を起こし

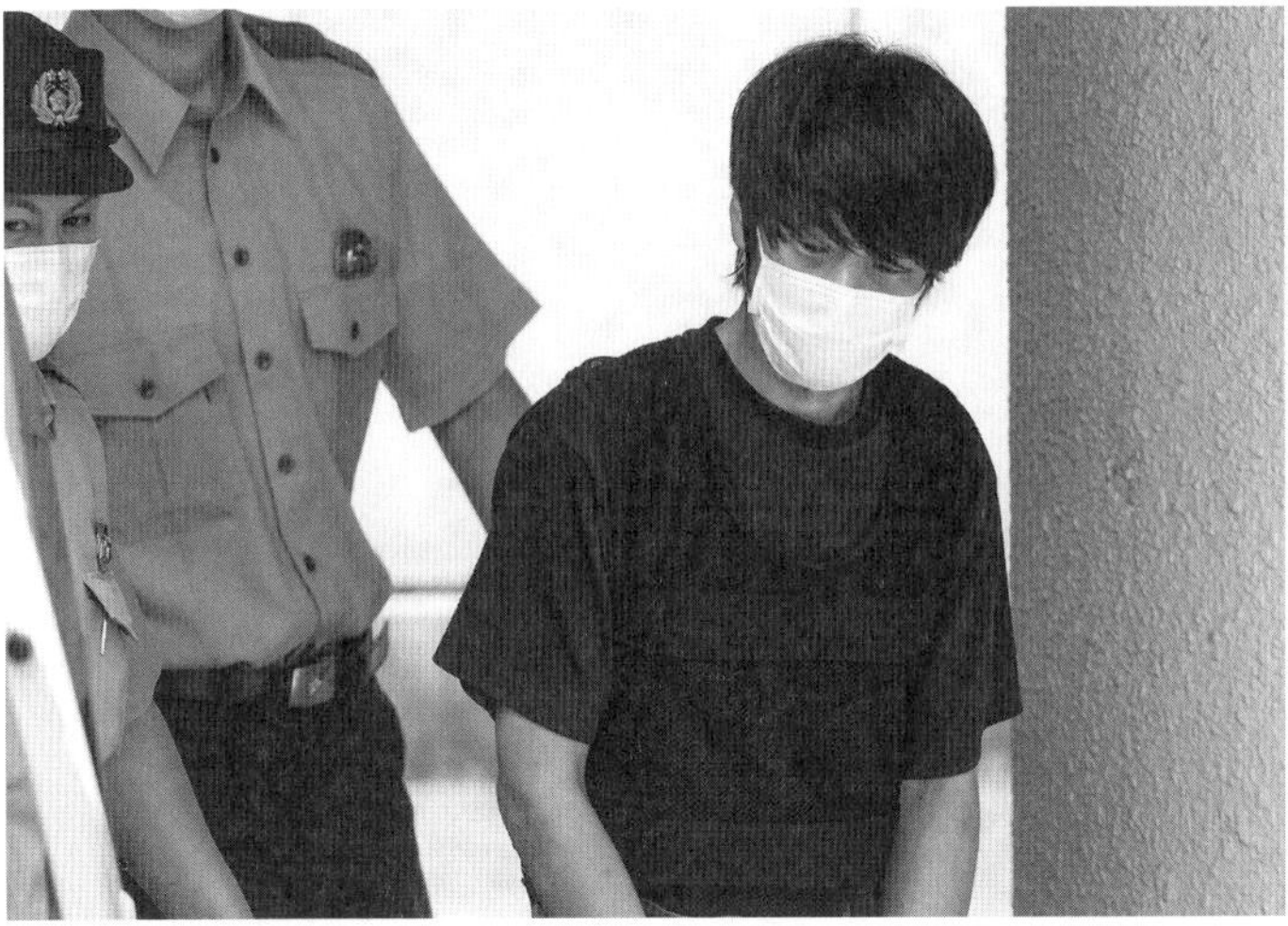

2022年7月8日に安倍晋三を銃撃し暗殺したとして逮捕された山上徹也（1980－）容疑者。

て、自分自身の人生を台無しにしてまで、〝恨みを晴らそう〟と考えるに至ったのか。

　彼が、母親が通っていた地区の教会の責任者と交渉を持ち、それなりに親しくなり、献金の一部を返還してもらう約束を取り付けたとも伝えられている。だとすると、ある時期までは、統一教会への恨みはかなり緩和されていたはずである。人間の心は複雑だが、少なくとも、お金を返してもらう約束をしておいて、そのまま恨みを晴らすために殺人に及ぶ、というのは不自然である。彼の中で何らかのきっかけがあったのだろうが、報道されていることだけでは、それが何なのか分からない。

　また、ある時期から恨みを晴らすことだけに凝《こ》り固まるようになったとしても、何故、統一教会と協力関係にあったものの、信者ではないと認識していた安倍氏をターゲットにしたのか。恨み骨髄に達している団体のトップではなく、関係ありそうな大物に標的を替えるというのはどういう心理なのか。私には、そういう風に、恨みの焦点をシフトさせる心理がよく分からない。彼の中で、安倍氏と統一教会はどう繋がっていたのか。彼の恨みの対象は、「統一教会」というよりもっと大きなものだったのか、あるいは、恨みを晴らすというより、自分が生きた痕跡《こんせき》とか、何か大きなことを成し遂げたということを世間に認めさせたかったのか。いろいろ考えられる。

なのに、マスコミもネットも、話を大きくして騒ぎやすいように、安倍自民党と統一教会が一体となって、ディープ・ステイトとして日本を牛耳《ぎゅうじ》ってきたかのような物語を作り上げ、山上容疑者を、その陰謀を打破する突破口を与えてくれた英雄にしようとしている。そういう物語の枠を作ってしまうと、政権・与党や格差社会などに関連するいろんな話を結び付けることができる。

元首相ほどではなくても、著名な政治家や知識人を標的にした事件であれば、大げさな物語を作りやすい。今回の件で、宮台氏を自由主義を守ろうとする英雄、犯人をそれに対抗する悪の思想の代表に見立てようとする人たちもいるが、それはそれで、犯人の行為に思想的に意味付けし、アンチ・ヒーロー化することになる。

大きな物語を導入することで他人の心をすぐ分かった気になるのではなく、その言動の不可解な部分に注目し、何故そういう心境に至ったのか、じっくり考えるという姿勢が必要ではないか。

3
メンタリストDaiGoを批判する人たちの「無意識の差別意識」

DaiGoの発言は「暴力や差別を助長した」とまで言えるのか？

二〇二一年八月七日、メンタリストのDaiGo氏がYouTubeに投稿した動画の中で、「僕は生活保護の人たちに、お金を払うために税金を納めてるんじゃない。生活保護の人に食わせる金があるんだったら猫を救ってほしい」「自分にとって必要のない命は、僕にとって軽い。だからホームレスの命はどうでもいい」などと発言したことが、ネットを中心に大きな話題になった。

この発言はかなり異様なものであり、非難の声が拡がるのは当然だ。しかし、彼の発言に対し、「これは相模原の精神障碍者殺傷事件に通じる優生思想の表れであり、日本に優生思想が蔓延している危険な兆候だ」、といった、すぐに思い付きそうな紋切り型を当てはめて、分析した気になり、説教しようとする啓蒙的知識人の姿勢も、かなりズレているように思える。

本節では、勘違いの相乗によって見えにくくなっている論点について考えてみたい。

まず、比較的分かりやすい論点として、ＤａｉＧｏ発言を批判する人たちの議論の〝前提〟について。メンタリストは公人なのか。

DaiGo（1986－）。メンタリスト、Youtuber。メンタリズムブームを仕掛けた眉村神也に指導を受けた。

批判の対象になっている彼の発言は、差別意識をむき出しにした低レベルのものだが、他人のことを、無能とか、頭に○○が湧《わ》いているんじゃない、社会の厄《やっ》介《かい》者、死ねばいい、などと罵倒して面白がっているツイッタラーやヤフコメ民、5ちゃんねらーは腐るほどいる。そういう発言には、ある程度名前が知られた個人を名指しするものもあるが、特定の業界やウヨク、サヨク、フェミ、創価学会など思想や運動をターゲットにするものや、老人、在日（韓国人）とか、精神障碍者、生活保護受給者などに対する差別表現を使い、煽っているようにさえ見えるものもある。恐らく、ＤａｉＧｏ発言をめぐる炎上に加わった人の中にも、こういう暴言を口にしている人が少なからずいたはずである。彼らとＤａｉＧｏ氏はどう違うのか。

罪がない者が石を投げよ、と言いたいのではない。彼の差別発言を〝重大な問題〟と見て、騒いだ人たちに、匿名《とくめい》・無名のツイッタラーやYouTuberと、ＤａｉＧｏ氏のどこが違うのか、明確な基準があったのかを問うているのである。

恐らく、本当に無名のYouTuberであれば、そもそもほとんど注目されなかったろうし、何かのきっかけで注目されたとしても、「不適切な発言だが、自分にとってはどうでもいいというわがままをストレートに述べているだけで、殺していいとか保護を打ち切れと言っているわけではない。無名な人間のバカな発言にいちいち目くじらを立てていたら、みんな萎縮して、ネット上の表現の自由がなくなる」、と擁護する声もそれなりに上がったろう。

YouTubeのガイドラインでは、人種、民族、宗教、障碍などについては、「個人や集団に対する暴力や差別を助長するコンテンツは許可されません」とされているが、ホームレスや生活保護者など、収入や住居のことは特に触れられていない。仮に具体的に例示されていなくても、収入や住居に関するヘイトスピーチも削除の対象に該当するとYouTubeの運営会社が考えているとしても、DaiGo氏の発言が、「暴力や差別を助長した」とまで言えるか微妙である。

DaiGoはぜ厳しく責められなければならなかったのか？

〝一般人〟であれば大目に見てもらえたかもしれない不適切発言に関して、DaiGo氏は厳しく責められた。それを社会問題扱いするメディアもあった。彼は、広い意味での「公人」なのだろうか。日本のメディアやネットでは、公職に就《つ》いている人ではなくても、その身内や芸能人、著名なアーティストや評論家、学者などを、「公人」に準じる存在と見なし、一般人より高いモラルや遵法《じゅんぽう》精神を要求することがあるが、どういう人がそれに当たるのだろうか。

知名度が一つの指標になっていそうだが、それもあやふやだ。どうやって測るのか。DaiGo氏は一時期、メンタリストとしてもてはやされ、週に何度もTVに見かけたが、現在は——弟（クイズクリエイターの松丸亮吾氏）の方が有名になったので、完全に忘れられているということはなさそうだが――そうでもない。現在はYouTubeの登録者が226万人、Twitter（現X）のフォロワーが68万人ということで、影響力が「大きい」ということになるのだろうが、彼より登録者数が多いYouTuberは日本に何十人もいるし、どれくらいの登録者、フォロワーがいれば、「公人」格になるのだろうか。DaiGo氏より登録者が多くても、チャンネル登録者以外にはほとんど知られていない人もいる。恐らく、〝問題発言〟をして炎上騒動が起こる人が、事後的に、準公人として認定されることになるのだろう。

別に、それほど大物ではないのだから勘弁してやったらいい、と言いたいのではない。商売としてYouTubeチャンネルを開設して有名になっているのだから、不適切発言をして叩かれるリスクは、本人が覚悟すべきである。DaiGo発言を重大な社会問題だと言っている人たちが、どういう立場の人であれば発言に際して一般の無名な人より高いモラルと注意力が必要と考えているのか、ちゃんとした基準を持っているのかを問題にしているのである。

ほぼ同じような内容の〝問題発言〟が、その人物についての何となくの印象で、「幼稚だけどそれほど問題視しなくてもいい発言」になったり、「差別を助長する可能性が極めて高く、看過《かんか》しがたい発言」になったりするのは、言論の自由の観点からも差別対策の観点からも望ましくない。

そこに、「メンタリスト」というような、資格なのか技能なのか単なる自称なのかよく分からない肩書が絡んでくると、余計に危なっかしい。事件後、彼のメンタリズムが科学とは言えないいかがわしいものだと批判する心理学の研究者のコメントも発表されている。彼がメンタリズムを科学に基づくものだとテレビ等で発言し、ネットで心理学の指南をしているのを目にすると、分野的にそれほど関係のない私でも結構不快だった。テレビが勝手に、「科学の専門家」を作り上げて、権威に仕立て上げるのは、研究者にとっては許しがたいことである——最近のコロナ関係の番組では、そういう傾向がかなり強まっている。

DaiGoのような人を暗に準公人扱いしてしまう危険性

だから、プロの心理学者が、「メンタリスト」が人間科学の総合プロのような顔をして、YouTubeでカウンセリングもどきのことをするのを非常に不快に感じるのは分かるが、こういう騒動があった時に、プロが〝本当の心理学〟を知っている者として口を出すと、同じ土俵に乗ることになるので、得策ではないと思う。

同じ土俵に乗ると、かえって相手を、〝論破されねばならない相手〟(＝その人とは異なった学説を唱える学者）として権威付けすることになりかねない。「では、プロの心理学者の先生と、メンタリストの●●さんと、どっちが本当に人の心理を読めるか、勝負してもらいましょう」、と言って、それをショーにしようとする輩が出てきかねない。既にいるかもしれない。

「メンタリストのＤａｉＧｏ氏」のような人が準公人扱いされると、どういうことになるか考えてみよう。彼のようなメンタリストが、人間の心理を知るプロとして、今回のようにウケを狙った過激発言を続け、それを、YouTubeがガイドラインには抵触しないと判断し、削除しない、ということは充分考えられる。すると、それを科学的に裏付けがあり、ＰＣ（Political Correctness：ポリティカル・コレクトネス）的にも問題のない発言だと受けとめる人が少なからず出てくるだろう。ＤａｉＧｏ氏のような人を暗に準公人扱いすると、裏目に出てしまう恐れがある。

無論、これはメディアが何となく権威らしきものを与えてしまっている、メンタリストとか自称専門家だけの問題ではない。トランプ前大統領のようなポピュリスト政治家の登場の背景にもなっている根深い問題である。トランプ氏のようなネットの人気者の問題発言を、プロが本気になって批判し、それに多くのネット民が乗っかってくると、かえってその人物の権威付けになったり、逆の立場の〝準公人ポピュリスト〟を生み出したりする可能性がある。

Da・i Goの問題発言を「優生思想」との批判は的確なのか？

次に、彼の発言内容について考えてみよう。彼の発言が、歪《いびつ》なエリート意識とそれと裏表の関係にある社会的弱者を侮蔑《ぶべつ》する意識の表れであるのは間違いないだろう。しかし、それを「優生思想」と呼んでしまうのは、何でもかんでも「ナチス」とか「戦前の～」と言って批判したつもりになるのと同類の、言葉のインフレだ。それだと、「優生思想」とは、「差別意識」の仰々《ぎょうぎょう》しい言い換えであるかのような印象を与える。言葉が軽くなる。的確な批判とは思えない。また、彼が差別問題に関する知識がないせいで間違った発言をした、と言うのは、啓蒙的知識人にありがちの見当外

フランシス・ゴルドン（1822－1911）。人類学者、統計学者、遺伝学者。優生学の創始者とされる。

れである。人権についての「知識」があれば、他人を差別しなくなる、ということはない。だったら、東大の法学部卒や法律家は、最も高い人権意識を持っていないとおかしい。

本来の「優生思想」というのは、優生学（eugenics）に基づいて、優秀な素質を持った人間の子孫だけが生き残り、人類あるいは民族が繁栄するよう、優秀な者同士の結婚や劣った者に対する産児制限や堕胎《だたい》、不妊手術などを推進する思想である。チャールズ・ダーウィン（一八〇九—八二）の従弟《いとこ》に当たる遺伝学者フランシス・ゴルトン（一八二二—一九一一）が優生学の創始者である。

ゴルトンは進化論の独自の解釈に基づいて、すぐれた素質がどのようにして、どれくらいの確率で遺伝していくか研究し、その〝成果〟を国家の人口政策に生かすべきことを主張した。精神障碍者等の断種を求める優生思想の運動は、一九世紀末から二〇世紀の前半にかけて、ヨーロッパ諸国、アメリカ、日本に拡がった。ナチスが極端な形で優生思想を実践したことで知られるが、英国でも、ジョン・メイナード・ケインズ（一八八三—一九四六）、フェビアン協会の創始者であるシドニー・ウェブ（一八五九—一九四七）、近代福祉制度の基礎を築いたウィリアム・ビヴァリッジ（一八七九—一九六三）など、進歩的な知識人たちが優生学を推進した。アメリカでは、電話の発明者であるアレクサンダー・グラハム・ベル（一八四七—一九二二）や女性の避妊運動をリードしたマーガレット・サンガー（一八七九—一九六六）が優生思想の有力な支持者だった。日本では、ハンセン病患者の強制断種の根拠になった優生保護法（一九四八）は、優生思想の影響で生まれて来たとされている。平塚らいてう（一八八六―一九七一）が、戦前優生思想に傾倒していたのではないかをめぐる論争もある。

マーガレット・サンガー（1879－1966）。現代の産児制限運動の創設者。性教育者。優生学の唱道者。

自分の差別意識や身勝手さを、無理やり美化・正当化する人たち

人種主義や素朴な進化論による野蛮な優生思想は、現在では法的に否定され、かなり衰退している。その一方、生殖関係医療や遺伝子研究の発展で、出生前診断に基づいて堕胎することが可能になったし、優秀な遺伝子を持った子供を残すための精子バンクも運用されている。そのうちに、遺伝子操作も可能になるかもしれない。このように最先端の技術によ

って、親になる個人の選択によって、遺伝子レベルの選別を行うことを、新優生学と呼ぶことがある。

DaiGo氏の発言は差別的ではあるが、こうした本来の「優生思想」とは程遠い。彼の発言を優生思想だと言っている人たちは、暗に、「人間は本来他者に対して優しい存在であり、ホームレスなんか生きようが死のうがどうでもいい、なんて思うはずがない」、という前提で考えているのかもしれないが、本気でそう思っているとしたら、とんでもない幻想である。もし、自分には差別意識はない、気の毒な人を見捨てるなど私にはあり得ない、と思っているとしたら、そういう人間の方がDaiGo氏より遥かに危険である。

ほとんどの人間は何かしら、分かりやすい理由を見つけて、自分は他人よりすぐれていると思いたがっているし、自分や身内がよければ、他人のことは二の次三の次にしている。

差別意識のない人間が、DaiGo氏自身が実はコンプレックスの塊《かたまり》だと主張するネット記事にむらがるはずはない。他人のことを二の次三の次にしているのでない限り、住む所もなく、まともに食事もできない人が現にいると分かっていながら、ネットで遊び半分の書き込みをしたりできるはずはない。自分の差別意識や身勝手さを、無理やり美化・正当化しようとするから、「優生思想」のような歪なものが生まれてくるのである。

単なる差別発言を、「優生思想」呼ばわりしていたら、どのようにして「優生思想」が発展するのか、それがどのようにケインズやビヴァリッジのような善意の進歩的知識人を魅了していったのか、といった肝心なことが見えなくなる。

差別者を糾弾している人に見られる根深い問題とは?

更に言えば、「差別意識」を持つのは、その方面の知識がないからだ、と考えるのは啓蒙的知識人やその種の人たちに感化されたフォロワーの傲慢である。学校の教師や学者は、本に書いてあることを教えるのが商売なので、問題発言をしている人を批判する際に、彼は間違った思想のテクストに影響されているとか、人権に関する基本的な文献や法令をちゃんと勉強していない、と言いがちである。そういうことにしておくと、自分の普段の商売の延長で批判コメントを書きやすい。

人間はいろんなきっかけで、特定の類型の人に敵対心や差別意識を抱く。無礼な態度の韓国人とか、横着な中国人、KYなベトナム人などに出会うと、韓国人全て、中国人全て、ベトナム人全てがそうだと思いたくなる。自分が受けた不快な印象を根拠付けたいとか、同じような経験を他人と共有したいといった欲求から、一般化してしまうのだろう。国籍、人種、年齢、性別、職業は分かりやすいので、一般化する際の参照点になりやすい。

そういう思いになるのは仕方ないことだが、それを他人の前で公言していると、本当にそうだという確信に変わっていくし、引っ込みがつかなくなる。知識人・文化人として有名な人は、特にそうだ。私はPC関係ではそんなに神経質な方ではないが、大勢の前で口頭で話をする時は、嫌な奴に会った時のエピソードを、特定のカテゴリーの人に対する蔑視へと一般化しないように多少の注意はしている。

問題になったDaiGo氏のYouTubeの動画は、『【超激辛】科学的にバッサリ斬られたい人のための質疑応答』というもので、文字通りの辛口トークで、しかも、かなり早口で淀《よど》みない感じでしゃべっている。立て板に水のような感じでしゃべらないと、頭の回転の速さを見せられないし、フォロワーは、レスの速さに魅《み》せられるのだろう。ただ、あの速度で辛口なのは危険だと感じる。日常的に感じているちょっとした偏見による軽いコメントが、へんな方向に発展してしまう恐れがある。慎重にしゃべるようになったら、DaiGoではないのだろうが、自分のトークを制御できないようでは、プロの〝メンタリスト〟とは言えないだろう。

もう一度言っておく。差別意識を抱いていること自体が問題なのではない。それを正当化・一般化して、「思想」に仕立て上げること、そして差別者を糾弾している自分には差別意識がないかのように思ってしまうことが問題なのである。

4 アニメ・CM放映の自粛は何のためのポリティカル・コレクトネスか？

数多のアニメや映画は〝PC的にアウト〟な背景や状況設定

二〇二一年二月半ばに『鬼滅の刃』のTVアニメの第2シーズンの年内放映が決まったと報道され、話題になった。原作の順番に従うと、遊郭編なので、何か騒ぎが起こりそうだなと思っていたら、実際、「子供の教育に悪い」とか「女性蔑視ではないのか」といった声が上がり、「炎上」した。その後、この件ではさほどネガティヴな反応は多くなく、ネット・メディアが「炎上を演出した」だけなのではないか、との指摘がネット上であり、沈静化した感じになった。

しかし、アニメや映画、オンラインゲームなど、ポピュラーなサブカルチャーの作品について、こうしたPC的な批判をすることの是非、実際に炎上が起こった場合、主宰者側がどう対応すべきかクリアになっていない。ということは、メディアやSNSのヘビー・ユーザーの反応次第で、ただの演出で終わるか、本当に公開見合わせや作品内容の変更に至るか、決まってしまうということだ。

一月には、『サザエさん』のフネさんの「良妻賢母」発言が問題視されたばかりである。この件も大した〝炎上〟にはならなかったが、二〇一四年に日テレの『明日、ママがいない』の主人公の渾名《あだな》をめぐる問題は、BPOへの申し立て、全国児童養護施設協議会と全国里親会の抗議声明、スポンサー全社のCM提供自粛といった大きな問題に発展した。香取慎吾が「慎吾母」というキャラクターで登場するCMを展開している、ファミリーマートのプライベートブランド「お母さん食堂」に対しては、二〇二〇年の一〇月に三人の高校生がジェンダーに関する偏見を助長するとして改名を求める署名活動を開始し、高校生が運動の主体になっているということでマスコミが大きく取り上げている。

三月半ばには、オリンピックの開会式での女性芸人を使った演出のやり方に関する――1年前の――ライン上のやりとりで、容姿を笑いにしようとする不適切な発言があったとして、大会組織委員会のクリエイティヴ・ディレクターが謝罪して、辞任するという事件もあった。森前会長の「女性が入ると、会議で時間がかかる」発言があっただけに、一般世論も、政府やオリンピック関連団体がＰＣに神経質になっていたということもあるのだろうが、アイデアを出し合う段階の発言で社会問題化される、というのはこれまでなかったことである。

企画会議の段階で、ＰＣを遵守しなければならないとすると、『鬼滅の刃』は遊郭以外にも、虐殺シーンや女性・幼児虐待、鬼のトランスジェンダー的な描写など、〝ＰＣ的にアウト〟な背景・状況設定のオンパレードなので、雑誌に掲載するどころか、編集企画会議に上げること自体不適切ということになるだろうし、『サザエさん』は、原作で想定されている家族の関係性を根本的に再編し、毎回、ジェンダーの役割固定化に繋がる表現はないか、ＰＣのプロのチェックを受けねばならないことになるだろう。

『進撃の巨人』『ワンピース』『ドラえもん』『プリキュア』『クレヨンしんちゃん』など、人気のアニメ・漫画のほ

東京五輪の式典でタレント・渡辺直美の容姿を侮辱するような内容の演出が提案されていたとして問題になった。

とんどは、その気になって調べたら、ジェンダーや人種（的なもの）の描写に関してPC的にひっかかる設定や表現が多々見つかり、テレビで放送すべきではないものになってしまうはずである。ドラマやお笑い番組もそうだろう。

「正しい言い回し」への置き換えを推進したのは……

周知のように、PC（Political Correctness）とは、差別を含んでいると思われる不適切な言葉や表現を正すことを指す。男性はずっと〈Mr.〉であるのに、女性は結婚しているか否かで〈Miss〉と〈Mrs.〉に分けるのは、女性を家や夫に属するものとする社会的偏見を反映しているので、政治的に正しくない、とされる。黒人は正しくは、〈African American〉、インディアンと呼ばれてきた人たちは正しくは、〈native American〉、と呼ばれるべき、ということになる。

こうした「正しい言い回し」への置き換えを推進したのは、アメリカを中心とする英語圏の新左翼系の運動だが、彼ら自身はPCという表現をポジティヴな意味で使っていたわけではない。どちらかと言えば、左翼運動内部に生じつつあった、教条主義的で堅苦しい雰囲気を、自嘲《じちょう》するのにこの言葉を使っていたようだ。

左翼は、キリスト教の教義や古い伝統に固執する保守派に対抗して、自由な言論や生き方の多様性を要求しているのに、反差別のための闘争が教条主義的になって、言論の自由を圧迫するようになったら、本末転倒だからだ。左翼は、正解・不正解が決まっているかのような、〈right/false〉〈correct/incorrect〉のような言葉で政治を語ることを嫌う――少なくともそういうポーズを取る――傾向がある。

哲学者で古典文献学者のアラン・ブルーム（一九三〇－九二）が『アメリカン・マインドの終焉《しゅうえん》』（一九八七）で、プラトン以降の西欧の代表的古典を白人男性中心主義として攻撃し、古典の地位から追い出そうとする、左翼の〝多文化主義〟によって、アメリカの高中等教育が混乱を極めていると非難したことを皮切りに、保守派の間から、潔癖主義的に政治的中立性を求める左翼の文化政治を問題視する議論が提起された。その流れで、九〇年代以降、左翼の文化警察的な狭量さ、異端審問的態度を示す言葉としてＰＣが使われるようになり、左翼側もやむなく、ＰＣを擁護することになったようである。

では、差別と闘ううえで、ＰＣ的な戦略は有効なのか、それは〝正しい〟やり方なのか。これについては、ジャマイカ出身の英国の社会学者でカルチュラル・スタディーズの代表的理論家スチュアート・ホール（一九三二－二〇一四）が、論文「ＰＣを経由するいくつかの『政治的に正しくない『経路』』（一九九四）で、左翼の立場から、ＰＣの目指す目標については同意しながら、その戦略上の問題について非常に的確な指摘をしている。私から見て重要な箇所を引用しておく。

「他方で、PC推進派は、言語の日常的な使用に組み込まれている前提に挑戦することと、言語の警察をするのは別のことだと知るべきである。人々の少数派に対する集団的な態度を変化させるべく試みることと、彼らに何をすることができて、何をすることができないか教えてやることとは全く異なっている。（……）問題を表に出したうえで、それと取り組むことなく、当該の問題を沈黙させてしまおうとする戦略は、原因のレベルではなく、兆候のレベルで問題と取り組もうとすることである」

「言語の重要性を理解している者なら誰でも、意味が最終的に固定化されることはないことを知っている。何故なら、言語はまさにその本性からして、多重の強調点を持ち、意味は常に滑り落ちていくものだからである。言語が無限に多重の強調点を持っているという事態にイデオロギー的に介入し、言語と世界の関係を固定化し、たった一つのことしか意味し得ないようにしようとするのは右翼のやることである（……）しかしながら、立法のプロセスを通して、言語を固定化することを試みるべく介入することができる、あるいは、そうすべきという発想は、まさにジョン・パッテンがやっているゲームを上下、あるいは裏表を逆にして演ずることにほかならない」

偏見の種類も、言語への現れ方も一様ではないということ

ジョン・パッテン（一九四五―）というのは、英国の保守政権で教育相を務め、左翼の教育者を攻撃したことで知られる政治家である。ホールの主張はクリアだが、一応、少しだけ解説しておこう。

人間は生きている間にいろんな偏見を身に付け、それを日常の言葉遣いに反映させるが、偏見の種類も、言語への現れ方も一様ではない。ある人にとっては、この単語は間違いなく差別的意図を持っていると思えても、他の人たちはそういう意味で使っていないかもしれない。ごく中立的な言葉がいつのまにか差別を助長するものになっていたり、その逆もある。生活している地域、年齢、職業集団、エスニック・グループごとに差がある。実際の歴史的出自、受けた教育や歴史観の違いで、「黒さ」を示す呼称で呼ばれるより、African Americanと総称される方がましだと思う人も、その逆に、より屈辱的だと思う人もいる。誰かの見方が「正しい」と最終決定されれば、他の人は間違っていることになり、制度的に「矯正correct」されるしかない。

多くの人が絶対的に固定されていると思っている民族、人種、ジェンダーなどに関する

既存のアイデンティティを相対化し、新しいアイデンティティを作り出すための文化的闘争を繰り広げようとしているホールとしては、言語の意味を完全に固定化し、この言葉遣いは「正しい」、これは「間違っている」と決める判定表のようなものを作ってしまうのは、逆効果だ。「君はどういう意味で、この言葉を使っているのか？」、「この言葉遣いに、差別的な要素を感じるのはどうしてか？」、と問いかけ、討議することができなくなり、どっちが定義する権力を握るかを決める、人数獲得競争にしかならない。

左翼の理論家であるホールは、左の仲間に対して、右と同じようなことをやるなと言っているわけであるが、これは右の立場でも言えることである。日本という国を構成する様々な歴史と伝統、地域的・職業的慣習についてちゃんと学び直し、日本語をより豊かなにするような言葉遣いを探究すべきというスタンスを取る冷静な保守派であれば、マルクスやアメリカのリベラル系の政治家・知識人の発言を全てNG扱いしたり、左と見なされている人の言葉尻を捉えて、「あっ、〇〇と言ったな、おまえこそ差別主義者だ！」式のことを言って、マウントを取ったつもりになるのは、愚かなことだと〝仲間〟を諭《さと》すべきだろう。

自分は「正しい」言葉遣いを知っている、それと違った言葉遣いをする奴は、差別主義者か無知だ、という前提で、最初から相手を攻撃したら、話は始まらない。攻撃された方は、よほど寛大な性格でなければ、腹を立てて反発し、「差別して何が悪い」と開き直るか、うるさいので、仕方なく黙っている、ということにしかならない。これは、狭義のＰＣに限らず、ハラスメントや差別問題一般について言えることである。

責めている側も、勝手に相手がその言葉に込めた意図を勝手に想像して怒っているだけのことがある。思い込んだまま〝勝って〟しまうと、思い込みが更に増幅し、無意味な対立がどんどん増幅していく。日本の〝ネット論壇〟で起こる〝論争〟の大半はその手のものであると言っていいくらいである。

二〇一七年七月の東京都議選の応援演説で、安倍前首相が「こんな人たちに負けるわけにはいかない」と発言して問題視された。当時、保守系と思われるコメンテーターたちでさえ、「安倍さん、やっちゃったな」、というようなことを言っていたが、私は全く腑《ふ》に落ちなかった。恐らく問題視していた人たちは、「こんな人たち」＝「こんな非国民ども」、と自動的に翻訳していたのであろうが、私には、「こんな人たち＝応援演説会場で大声を出して応援演説を聞こえなくするというような、民主主義のルールを無視する人たち」、という意味で言ったとしか思えなかった。無論、安倍さん本人ではないので、どういうつもりで彼が「こんな人たち」と言ったのか分からないし、本人も、苛々《いらいら》して咄嗟《とっさ》に口に出ただけなので、その当時の心理を正確には再現できないだろうし、彼が現時点で自己解釈しても、あまり当てにならないだろう。

私は普段、左か右に偏った人や、神経質な学者、芸術家の類いと付き合っていて、発言の途中で遮《さえぎ》られたうえ、一方的にレッテル貼りされて、いらっとすることが多いので、安倍さんのケースのような話を聞くと、妨害された方に同情してしまう。いずれにせよ、「こんな人たち」がどんな人たちかはっきりしない以上、問題にできるのは精々、演説中の首相の言葉遣いとしては冷静さを欠いていた、ということだけであって、PC的に彼の意図を強引に推《お》し量《はか》ったりすべきではない。

言葉に対して脊髄反射的に非難する前に

PC的な即断によって責められた、私個人の経験を挙げておく。私の務める金沢大学の法学類（大学院法学・政治学専攻）で、大学院を改組するに当たって、入学希望者をどうやって増やしたらいいのか、という議論をしていた時のことである。私は専攻の長と一緒にその改組案を練った委員会の一人だった。ある先生が、「他大学では、定年退職者や専業主婦に入学しやすいコースを作っていると聞く、うちもそういうことを試みたらどうか」と発言したので、私は「都会の大きな大学で、いろんな人が受験しにくる可能性があるところならいいですが、うちのような地方の小規模の大学は、そんなに多様なカリキュラムを揃えられません。退職した人はともかく、主婦で、大学院に入学して本格的に勉強する気になる人がそんなにいると思いますか」、と言ったら、先ほどとは別の先生が、「今、ジェンダー的に問題のある発言がありました。○○先生の御提案は真剣に受けとめるべきで……」、と言い始めた。

その人は、普段、私に対して、先生のことを崇拝しています、などと言っているので、余計に腹が立った。一瞬、「誰に向かって、そんな失礼なたわごとを言っている！」、とでも怒鳴ってやりたくなったが、提案側だったので、ぐっとこらえて、「女性の主婦であろうと、男性の主夫であろうと、『シュフ』をやっているのは何らかの事情や考えがあってのことです。退職者は、退職によってその事情が大きく変化したのだから、経済的事情が許せば、今までできなかった勉強に本気で取り組みたくなる可能性は考えられますが、シュフの場合は、それがないでしょう。医療訴訟とか住民運動とかに関わって、何か特別のテーマを勉強しなくてはいけないという特殊事情が生じたのなら、社会人特別選抜枠で応募してくれるはずです」、と言っておいた。

昨今の大学院の事情を知らない人のために、捕捉説明しておくと、文科省の方針に合わせて、ほとんどの大学は少子化で学部の入学定員が減った分を、大学院の定員に置き換え、大学の経営規模を維持しようとしている。学部からストレートに大学院進学を希望する学生はむしろ減っているので、留学生や、社会人で職場の許可を得て特定のテーマで修士や博士の学位取得を目指している人にターゲットを絞ることになる。それでも足りないということで、定年退職者や主婦（夫）という話が出てくるわけだが、どうしても入学試験の合格基準や、研究計画の評価が甘くなりがちだ――留学生や「高度専門職業人」に対する評価も甘くなりがちだが、それ以上に、ということだ。事実上の無試験で、何となく箔《はく》を付けたいという人を入れてしまうと、後が厄介なので、私としては、誰でもいいから来て下さい、というような雰囲気の入試要項やカリキュラムを作りたくなかったのである。

無論、先に述べたように、主婦（主夫）であっても、何かの問題に遭遇して大学院で勉強したいという強い動機を持つ可能性はある。ただ、そういう人は、社会人特別選抜の枠で応募しようとしてくれるはずであり、「誰でも入れますよ」的ないい加減なコースはむしろ願い下げだろう。そういう風に考えていたので、主婦（主夫）向きの緩いカリキュラムを検討したくなかったのだが、その（私を崇拝しているはずの）先生は、私がそういう文脈で考えているとは想像できないで、仲正が「主婦」というワードに否定的な反応を示した、という外見的な事実に脊髄《せきずい》反射してしまったのだろう。

ＰＣ失言を問題視され、まともに相手にされなくなった言論人でも、どういう文脈を念頭に置いて、その言葉、表現を使ったのか詳しく聞いてみたら、思っていたのとはかなり違う、ということはあり得る。本当に差別のない社会を目指しているのなら、いきなり「正しい答え」を示してマウントを取ったり、改宗を迫る前に、ちゃんとした問答を始める努力をすべきであろう。

5 学生や新入社員を過保護に扱い、彼らを「バグ修正」しようとする社会とは？

迫られる自己決定とパターナリズム

二十年くらい前から大学が学生に対して〝過保護〟になっている。授業に出てない学生、悩んでいる学生を見つけて軌道修正してやるために、教員が定期的に面談することを義務化している大学が増えている。金沢大学では、新入生が学生生活、大学での学び方になじむことができるよう大学・社会生活論という授業があり、必修になっているが、同じような科目を設置している大学は少なくない。こうした傾向は大学だけでなく、企業などの新人教育でも広がっているようである。その意味するところを考えてみよう。

子供は自己決定を迫られても、自分が何を決めないといけないのか理解できないことが多いので、親など大人が〝本人の意志〟を推察して、代わりに決定するのが普通である。いい年をした大人になっても、親や先生、医師、官僚などが本人の代わりに決定しようとすることを「パターナリズム paternalism」と言う。

パターナリズムとひと口に言っても、どういう種類の決定か、どういう立場の人の代行かによっていろいろなやり方があるが、大きく分けて、本人が嫌がっているのに無理に代行する場合と、あるいは、本人があまり関心を持っていない問題で本人が知らないうちに代行する場合に分けて考えることができる。

ジョン・スチュアート・ミル。自由主義・リバタリアニズム、また社会民主主義の思潮にも影響を与えた。

「パターナリズムは自己決定権を侵害する」と批判されるのは、大抵、前者である。医療における治療方針の決定や安楽死・尊厳死、自殺、ギャンブル、あるいは、中高の校則などをめぐる問題がその典型だ。これらのケースでは、他人に迷惑をかけるのでない限り、その人の自発的意志による行動を妨《さまた》げることはできない、という他者危害原理（ジョン・スチュアート・ミル）によって、パターナリズムが批判される。

それに対して、本人があまり拘っていない問題、いつの間にかそれが当たり前になっているような問題では、パターナリズム的な介入を受けても本人がそれと自覚する可能性は低いし、気付いてもあまり抵抗しないと思われる。例えば、日本の子供の多くは、どこの高校や大学を受験するかについては、自分で決めたいと多少なりとも思うが、そもそも高校や大学を受験したいと、いつどのようにして決めたのかと聞かれると、答えられない。親や先生、周囲の人たちのパターナリズムに誘導されて、何となく「決めた」、あるいは「決まった」のである。

「君の場合、どこの大学の○○科を受験するのがいい、そのためには一日、国語をX時間、数学をY時間……」というところまで、親や進路担当教師、予備校のカリスマ教師に決めてもらう方がありがたい、という子もいるだろう。大学生になっても、どの授業に出るか、どのゼミの所属になるのがいいか自分では決められないので、先輩や仲の良い友達に決めてほしいという学生は少なくない。

悩んだ学生が自殺するのを防止するためにアドバイス教員と面談することを義務付けるのは、その中間くらいに位置するだろう。学生にとって面倒ではあるが、型通りの面談をすませさえすれば、一応〝まともな学生〟と認めてもらえるのであれば、そこまで嫌なことではないだろう――教員にとってもそうである。大学・社会生活論のような科目は、子供扱いされているようだし、ダサくて嫌だろうが、単位をくれるのならそこまで嫌がらないだろう。

オウム真理教事件でサリンを作った信者は「理系の高学歴」だった

オウム真理教事件が起こった後、サリンを作った信者が理系の高学歴だったことから、文科省は各大学に、理系的要素と文系的要素が混じった教養科目を作るように促した。それに応えて多くの大学が、「○○倫理」とか「社会と科学・技術」といったようなタイトルで、いろんな領域の教員が代わる代わる出てきて、相互にそれほど関連のない入門の入門のような話をするオムニバス形式の授業を作った。

大学や文科省が「学生のため」だと言ってやっている、そうしたパターナリズム的プロジェクトは、実際学生にどう影響を与えるかをあまり考慮していない。「学生のため」に何かのプロジェクトのを実行し、学生がそれを〝受け入れた〟という事実が重要なのである。こうしたプロジェクトの雛形を考案する人たちにとっても、学生が実際にメンタルな危機から脱することができるのか、オウム真理教のようなテロ行為に走ることの歯止めになっているのかは、正直言ってどうでもいいのだろう。

そうした意味では無駄なことをやっているわけで、単なるバカげた話かもしれないが、私はこうした無駄なパターナリズムの背後にある「人間」観に注目したい。文科省や大学は、学生を、自発的に行動するがゆえにどう働きかけたらどう反応するか分からない主体ではなく、機械的な操作によってバグを修正して、正常に機能させることのできるアプリとかゲームのキャラのように見ていると思える。

自発的に自分の幸福を追求する主体であれば、何が本人の幸福になるか、どこで充実感を覚えるか他人には分からないし、本人にも予測できない。授業に出ないので留年することになっても、留年によって生じる時間の余裕で何かやり甲斐《がい》のあることを見つけるかもしれない。自殺・不登校防止のための面談を強制することで、かえってその学生を追い込む可能性があるかもしれない――私はその危険の方が高いのではないか、と思う。キャリア・プランの授業に出ることで、かえって混乱してしまう学生も出てくるかもしれない。

そういうことを考えれば、学生の行動を無理に予め決まったフォーマットの中に収めようとするのではなく、文科省や各大学当局の期待から見るとまともではない道に進む人間もある程度出ることを許容すべきだと思うが、フォーマット化志向は毎年どんどん強まっているように思える。数値で実績を示せと政治家、財界、マスコミから責められて、とにかく、学生をアプリのように扱って、就職内定率、TOEICの得点、自殺率・不登校率（の低下）、といった分かりやすい形でパフォーマンスを上げねば、と思うのだろう。

学生は当然、文科省や大学当局に完全にマインド・コントロール（MC）されて言いなりになっているわけではない。しかし面倒だと思いながらも、面談に応じ、定期的に身体測定を受け、学生証で出席記録システムに毎回アクセスし、ある時期になると大学の進路担当部門からの勧めで公務員試験講座などを受講し、就職のためのエントリー・シートの書き方を学ぶようになる。そして少しずつ行動パターンがフォーマット化され、それから逸脱することに不安を覚えるようになる。

「高度専門職業人の体系的な養成」が究極的な目標？

大学も教育機関である以上、学生の行動をある程度フォーマット化するのは当然だという見方もあるだろう。私も基本的にそう思うが、あくまで授業の範囲内での話である。教師は、授業の場の秩序を保つ責任があり、その限りで学生を指導するが、授業と直接関係ないことにまで介入するのはおかしい。特に、個人的な悩み事とか、日常生活のパターン、将来のヴィジョンなど、学生のプライベートな事柄や幸福に関わることには、あまり干渉しないように注意すべきだ。他者危害原理は、他人に迷惑をかける可能性が低い私的な度合いが強いことであるほど、本人に任せるべきことを含意している。

プライベートに干渉すると、ハラスメントになるはずであり、現にセクハラなどに関してはだんだんやかましくなっているが、その半面、「学生が悩まないようにアドバイスする」という名目の下で、余計な干渉が推奨されている。干渉してよいのは、教師と学生の間に個人的な信頼関係が出来上がっている場合に限られる。そうした信頼を醸成《じょうせい》するための統一的なやり方を大学が強制するのはおかしい。しかし、学生を正常な状態に保つように管理することが優先されているのである。

私が大学生になった四十数年前には、高校までは教室で学ぶ子供なので、行動パターンをフォーマット化するのは仕方ないが、大学生はもう大人なので自分で判断できるはずだし、いくら他人である教師が頑張ってもフォーマット化しようがない、と言われていた。ところが、今では、高校までの段階を遥かに超えた、高度に規格化された製品にしないといけないかのように言われている。「高度専門職業人の体系的な養成」が究極的な目標として掲げられるようになった。

企業も、エントリー・シートというフォーマットに当てはまる人材を求め、ＯＪＴ計画書と呼ばれるものに即して、どの状況でどういう行動が期待されるかを予期し、その通りに行動できる「人材 human resources」――「人材」は人間を「材料」と見なす言葉であり、〈human resources〉は人間を「資源 resources」と見る言葉である――へと育成する社員研修を「プログラム」化するようになっている。少なくとも、合理的なＯＪＴを行なっていることを売りにしている企業は増えている。

何が〝自分の意志〟なのか分からない人たちが増殖してる理由

企業は組織だし、顧客は秩序《ちつじょ》立った、一律の対応を求めるのだから仕方ないではないか、と考える人は少なくなかろう。しかし、職場での行動を訓練するだけではなく、社員のメンタルヘルスまで体系的な管理の対象にする企業が増えている。つまり、「心」を管理（ＭＣ）しようとしているわけである。何らかの理由でメンタルな問題を抱えてしまった社員の相談に乗って働き続けられるように調整するのと、メンタルな問題が起きないように管理するのは、全く意味が異なる。

最近では、内定辞退者をなくして毎年の「人材」の補充を確実にするために、両親と連絡を取り、味方につける「オヤカク」を行っている企業もあるという。これは、ただの愚

オルダス・ハクスリー（1894－1943）。作家。ヨーロッパにおいて著名な科学者を多数輩出したハクスリー家の一員。

かな過保護のようにも見えるが、企業が、家族という最も「プライベートな領域」を、企業活動の中に取り込んで、管理を強化しようとしているとも思える。「管理」という言葉とは縁遠そうな「親密圏」から取り込んでいく戦略と言えそうだ。

住友商事は新入社員を、将来希望した部署に配置することを確約して採用する方針を出している。これも新入社員に優しくて、自発性を尊重しているように思えるが、運用次第では、社員の将来を予め規定して管理しやすくする、ソフトだけど各人の行動パターンに深く浸透する効果的なパターナリズムの戦略になる可能性がある。SFに、各人の〝生来の適性〟に従って将来の職務が決まっていて、本人たちもそれが自然だと思っているという設定がよくある。オルダス・ハクスリー（一八九四－一九四三）の『すばらしい新世界』（一九三二）が、その方面での古典である。

人間は勉強や仕事をしていて、何かのきっかけで、長年一緒にいる人にも予想できない大きな変化をするということがしばしばある。そうした自分自身の思わぬ変化を見出すことが、生きがいになることがある――絶望することもあるが。その一方、多くの人が生活パターンを変えたくないという欲求を持っているので、変化の可能性を放棄することと引き換えに安定を約束されると、ついつい従ってしまうことがある。

学校・大学、企業が、本人があまり不快感を覚えないように「人材」をフォーマット化（MC）する技術を次第に高めていけば、いつのまにか、私たち自身が生産ラインに組み込まれた材料＋機械の部品になっていて、何が〝自分の意志〟なのか分からない、ということになりかねない。自分自身が既に「部品＝材料」になっていると、他人を新たな「部品＝材料」として取り込むことにあまり違和感を覚えなくなる。

ギュンター・アンダースは、先述の『時代おくれの人間』で私たちが既にそういう状態にあることを指摘している（第1章第3節40ページ参照）。アンダースによれば、人間の心身を公私にわたって全面的に管理する技術こそが、全体主義の本質である。ナチスの絶滅収容所で、ユダヤ人が個性のない物質扱いされる前に、彼らを虐待したSSの隊員も含めて、ドイツ人全体が、巨大化した機械の「部品＝材料」になっていたのである。

第5章

「影の支配者」幻想に取り憑かれた人々

1 安倍暗殺の原因を勝手に決めつけ、誇大妄想的な自説を展開する人たち

暗殺されたのは、格差社会を作り出したから？

参議院選挙の投票日を二日後に控えた二〇二二年七月八日、安倍元首相が、多くの聴衆が見ている前で、手製の散弾銃で殺害されるというショッキングな出来事があった。事件の直後は、亡くなった人の悪口を言うことは人として恥ずかしい、という日本的な道徳感が働いたのか、ネットでもマスコミでも、容疑者の証言などを元に、安倍氏を個人的に誹《ひ》謗《ぼう》する声は抑えられていた――小沢一郎氏や山本太郎氏のような例外もいたが。

しかし、選挙が自民党の勝利に終わると、にわかに（あるいは予想通り）、格差社会を作り出し、容疑者を追い詰めた安倍元首相の自業自得であるとか、統一教会が背後にいるこ

とをマスコミが報じようとしない（しなかった）のは、統一教会が自民党を牛耳っているからだとか、断片的な情報に基づいて断定しようとするツイッタラーやヤフコメ民が目立つようになった。一部の政治家や著名なジャーナリストも、それに便乗するかのような発言をしている。これらの発言がどうして不毛なのか、指摘しておきたい。

まず、山上容疑者が格差社会によって追い詰められた犠牲者で、格差社会を「作った」戦犯の筆頭が安倍氏であるので、自業自得である、という決めつけについてであるが、これは、亡くなった人を「自業自得」呼ばわりして誹謗するにしては、あまりにも雑な推論だ。「格差社会」とはそもそも何を意味するかである。従来から言われていることだが、「格差社会」について語る人の多くが、この言葉をきちんと定義しないまま気分で使っているので、話がいろんな方向に拡散してしまいがちだ。

「格差社会」とは、①「格差」が存在する社会なのか、②「限度を超えた格差」あるいは「耐え難い格差」が存在する社会なのか、③「格差」が拡大している社会なのか？

②の意味で言っている人が多いと思われるが、「限度を超えた」とか「耐え難い」というのは、かなり曖昧だ。

多くの人は、（再）就職先が見つからない人が増えている、一日中全力でも働いても必要な生活費が得られない人（ワーキングプア）が増えている、必要とする生活保護など公的扶助《ふじょ》を受けられない人が増えている、といったことを念頭に置いていると思われる。これらの傾向が強まっていること自体は間違いではなかろう。

しかし、そうなったのが、「自民党あるいは安倍さんのせい」、というのは、どういうことだろう？　国民の生活状況が悪化しているのだから、政権政党、特にその党首は重く責任を感じてしかるべきだ、という一般的な意味で言っているのであれば、それに異論がある人はあまりいないだろう。しかし、憎しみを込めて「アベが……」「アベが……」、と言っている人たちは、そういう意味での〝アベのせい〟では満足しないだろうし、〝張本人〟を殺したくなる動機としては弱すぎる。

「アベのせい」と言っている人たちは、①自民党あるいは安倍首相が、非正規労働者など不安定な雇用状態に追い込まれる人たちを意図的に作り出し（＝彼らを犠牲にし）、グローバルな大企業が業績を向上させることに協力した　②意図的に犠牲したのではないかもしれないが、そういう人たちを完全に見殺しにした――のいずれかだと考えているようである。①にはかなり無理がある。安倍首相など自民党の幹部や高級官僚が、そういうことをわざわざ公言するわけがないし、現に、彼らが何かの秘密会議のような場で、そういう〝意志決定〟を行ったという証拠などない。そういうものを勝手に想定しているとしたら、立派な陰謀論である。陰謀論でないとしたら、他人の心の中を勝手に憶測しているにすぎない。
②の線で考える場合、考慮すべきポイントが少なくとも二つある。
(1) 安倍氏たちは、不安定な雇用状態に置かれる人たちのために本当に、意図的に何もしなかったのか、自民党の雇用・福祉関係の政策は有権者向けのフェイクなのか。
(2) 雇用関係の法制度を変えて、非正規労働者を増やさなくても、日本の企業のほとんどはグローバルな競争に耐えて、雇用を維持することができたのか。従来の雇用形態を維持した結果、企業倒産によって失業者が激増し、日本経済全体が崩壊する可能性はなかったのか。
これらを真面目に考えるべく、いろいろな資料に当たって調べるのはかなり大変である。真面目に調べれば、「アベが全ての元凶……」と、ふざけ気味のツイート（ポスト）をしている人たちの主張に反する事実がいくつか見つかるだろう。簡単に答えが出せるものではない。無論、経済学者や政治学者並みに、自民党政権の「新自由主義的政策」と呼ばれるものを研究してからでないと、安倍批判をしてはならないなどと無理な注文をするつもりはないが、真面目に政治・経済について勉強する気もないくせに、マスコミ報道から得た断片的な印象だけで、安倍氏をヒトラーやスターリン並みの犯罪者扱いし、ふざけ半分に、殺されても当然だと言わんばかりに罵《のの》るのは、そういう発言をする人間の品性のなさを端的に示している。

安倍氏に対する誹謗中傷キャンペンをする人の品性

まともに批判するつもりがあるなら、「安倍氏は凶悪な犯罪の犠牲者であり、容疑者の背景についての憶測から、亡くなられた人の人格を傷付けるような真似をすることは厳に慎むべきである。しかし、安倍氏の新自由主義的政策については様々な批判があり、彼の政策判断ミスで多くの人が苦しんできたとすれば、殺されたことによって、免罪されるわけではない」、くらいの言い方にとどめておくべきだ。安倍氏が〝国のために死んだ英雄〟扱いされるのが悔しいといったことで、あしざまに悪口を言ってしまうのは、お子様だ。〝バランスを取る〟つもりで、誹謗中傷キャンペンをしているとしたら、恐ろしく、傲慢だ。

そもそも山上容疑者が、首相殺害に及んだ動機について、彼自身や家族の置かれた環境が〝新自由主義政策〟のおかげで悪化した、といった発言をしているわけではないので、この点で安倍氏の自業自得を示唆するのは筋が通らない。相手が元首相であれ一般人であれ、殺人事件を起こして、自分の残りの人生を台無しにするくらい、彼が自暴自棄になっていたのは間違いなかろうが、容疑者の詳しい犯行の動機が伝えられていないうちに、〝新自由主義〟と無理に結び付けようとするのは、不誠実だ。

次に、安倍氏と統一教会がズブズブの関係にあり、母親のことで統一教会に恨みを抱いた容疑者が、安倍氏に怒りを向けるのは正当化できないとしても、十分理解できることであり、安倍氏自身にも責任がある、という〝論〟について考えてみよう。

私が三十年前に統一教会を脱会したことについては、既に今度の事件と関連していくつかのメディアで報道され、詳細については、拙著『統一教会と私』（論創社）で結構詳しく述べたので、私自身の立場についての説明は省くことにする。

東大入学とほぼ同時に統一教会に入信し11年半後に脱会。その後学者の道へと進んだ数奇な半生記。

拙著の中で既に述べたことだが、統一教会批判をしたがる左派系の人たちは、統一教会が主催・後援している反共的な政治活動に関わっている政治家、財界人、言論人などを、統一教会の信仰を持っているかのように言いたがる。それを本気で信じているとしたら、誇大妄想か、宗教について全く何も分かっていないかのいずれかだ。

旧統一教会は、文鮮明という韓国人を再臨のメシアとして信奉する、韓国生まれの宗教団体である。当然、教義上、文教祖は霊界で、天皇より遥かに高いところに位置している。それどころか、天皇も、アダムとエバによって犯された原罪を背負っている罪人であり、再臨のメシアによって祝福を受け、新生しない限り、地獄に行くしかない哀《あわ》れな存在である。そんな教義を右翼天皇主義者が受け入れるだろうか。クリスチャンにとっても、文教祖をイエスを超える存在と位置付ける教義は、異端を超えて、反キリストの許しがたい教えだろう。仏教徒など、他の宗教を信じる人にとっても、受け入れがたいはずである。

自民党と統一教会はズブズブの関係だと言うが、どういう意味で「ズブズブ」なのか。こういう曖昧な言い方は、妄想を生みがちである。

自民党など保守系の政治家の一部が、統一教会に好意的だったのは、もっぱら対共産主義で大同団結していたからだ。単に一緒に反共活動するだけでなく、選挙など人手が必要な際に、勝共連合・統一教会の力を借りていた議員は少なくない——勝共連合は、統一教会が中心になって創設された政治団体で、事務局員のほとんどは統一教会の信者だが、一般会員は統一教会の教義とは関係のない保守系の人たちである。

自民党を支持する宗教団体はいくつかあり、それらは統一教会よりも遥かに信者数が多いが、大きい教団であればあるほど、自民党の言いなりになってくれないだろう。統一教会の信者数は多く見積もっても十万人程度で、さほど票数にはならないが、長期間にわたって献身的に働いてくれる若い信者を貸してくれるので、使い勝手はよかったのだろう。特に、清和会（安倍派）や旧中曽根派などのタカ派が多い派閥は、後援会に対する反共啓蒙活動に熱心に取り組む若者を注文通りに派遣してくれる統一教会は、ありがたかったろう。そのため、お付き合いで、統一教会の教義に関する講義を聴講する議員もごく少数いたようである。その逆に、中選挙区時代に清和会とライバル関係にあった、宏池会などハト派の議員には、反統一教会的なスタンスを取る人が多かったようである。

統一教会と安倍氏はじめ自民党議員との関係とは

しかし、私の知る限り、少なくとも統一教会の幹部クラスは、同じ信仰を持っていない自民党の議員や保守的な財界人、言論人を本当のところ信用していなかった。都合が悪くなったらいつ切り捨てられるか分からないとびくびくしていた。統一教会の支援を受けていた議員の側も、下手に切ると、支援を得られなくなるだけでなく、それまでの関係を暴露されるかもしれないので、厄介な連中だと思っていたろう。

安倍氏自身はさほど選挙の心配はなかったろうが、祖父の岸信介元首相が、勝共連合の創設に協力して以来の付き合いがあったので、深く考えずに、統一教会系の新たな政治団体である、天宙平和連合（UPF）に応援メッセージを送ってしまっただけのことだろう。「天宙」という統一教会用語を冠した政治団体に、応援メッセージを送るというのは、元信者である私から見てもあまりに軽率だが、それをもって、安倍氏が統一教会の隠れ信者であるかのように言うのは飛躍である。宗教団体と深く関係のある政治団体に応援メッセージを送ったら、その宗教の〝信者〟になるのであれば、自民党議員の多くは、仏教系・神道系の複数の宗教団体の信者をかけ持ちしていることになってしまう。ましてや、統一教会が安倍氏などを背後から操って、日本のディープ・ステイトと化しているかのように言うのは、妄想による陰謀論だ。

アメリカ大統領選やウクライナ危機をめぐる陰謀論がそうであるように、巧妙な陰謀論には若干の事実が混じっている。当事者も認めている事実を、確認されていない〝真実〟と面白おかしく結び付けて、大げさな話に仕立て上げる。旧統一教会の〝指令〟によって、自民党が、重要法案を旧統一教会に都合のいいように作り変えたことを示す具体的な証拠などないはずだ。千歩くらい譲って、（私がいた頃よりもずっと勢力が小さくなった）旧統一教会に自民党を動かす力があったとして、それを創価学会や、日本会議などの神道系の政治団体が黙認するだろうか。宗教は全てうさんくさい、全部まとめてつぶれたらいいくらいに思っている適当な人たちにとっては、みんなグルになっているとしか思えないかもしれないが。

霊感商法問題などで激しく批判された統一教会と近い団体に応援メッセージを送ることは、首相を経験した与党の有力者として適切な行為なのか、とピンポイントに批判するのであればいいが、それにいろんな断片的情報をくっつけて妄想を膨らませ、統一教会を中心とした〝宗教連合〟による影の支配のような話を作り、それを前提にアベ叩きをするのはひたすら不毛である。どっちがカルトか、と言いたくなる。「宗教」との何某《なにがし》かの関係があると指摘すれば、それだけで批判したことになると思い込むのは、日本の左翼のダメなところである。

2

「政教分離」という言葉を理解せずにやたらと使いたがるお子様な人たち

「政教分離」と「信仰の自由」

安倍元首相銃撃事件の背後にあったとされる、容疑者の統一教会への恨みをめぐる問題がマスコミで大きく取り上げられるようになるにつれ、「宗教と政治」の関係という大きなテーマが浮上してきた。

連日、自民党をはじめとする政治家と統一教会の〝癒着《ゆちゃく》〟が伝えられるたびに、ネットで、「政教分離の原則」に違反している、という声が上がる。しかし、〝政教分離〟を口にしている人の多くは、〝政教分離〟とは何かをよく分かっておらず、雰囲気でこの言葉を使っているようである。なかには、統一教会との何らかの〝関係〟が明らかになれば、それだけで憲法違反であり、議員辞職に値すると言わんばかりの強引な〝意見〟もある。

しかし、それは付き合っている相手が〝統一教会〟だとそれだけで〝政教分離〟の原則の違反になり、創価学会や幸福の科学など他の宗教団体だと、必ずしもそうでもないということなのか、それとも、これらの団体との付き合いも本当は〝政教分離〟違反だと言いたいのか。明確な基準もないまま、〝政教分離〟という言葉が独り歩きしている状態は健全ではない。

私自身と統一教会の関係は、『統一教会と私』等で繰り返し説明したので、前節同様、詳細は省き、政治思想史研究者の立場で、「政教分離」と「信仰の自由」とは何かを考えてみたい。

政教分離の原則の原点は、宗教改革期以降の西欧における、キリスト教の宗派間の烈しい戦争だ。中世のヨーロッパでは、法王をはじめとする高位聖職者は広大な領地を持ち、世俗の政治に様々な形で関与していた。だが宗教改革で、プロテスタントの諸派が分離したことで、カトリック教会の権力基盤は根底から掘り崩され、様々な宗派が争うことになった。

三十年戦争（一六一八－四八）では、カトリックVSプロテスタントの信仰の争いに君主間の権力闘争が結び付き、ヨーロッパ全体を巻き込む激しい戦闘が続き、ドイツの人口の三分の一が失われたとされる。この戦争を終結させるために締結されたウェストファリア条約で、宗教と政治の力関係が大きく変わることになった。条約では、各国を支配する君主の主権者としての地位を認めると共に、それぞれの君主が自国の国教をカトリック、ルター派、カルヴァン派のいずれかで選択できることになった。これを機に、宗教が世俗の政治を支配するのではなく、逆に政治が宗教を統治の対象にするようになったのだ。

次の段階では、次第に中央集権化していく主権国家の課題として、宗派間の争いが政治の不安定化に繋がることをどう抑えるかという問題が浮上した。国家が国教制度に拘り、出産死亡などの届け出を、特定の宗派の教会を通して行うことを義務化したり、非国教徒の財産権や公職への就任を否定し改宗を促したりすると、それを拒む人たちの抵抗が強くなる。フランスや英国では実際、それが長年にわたって大きな内乱をもたらし続けた。

社会契約論によって、国家の目的が広い意味での「所有権」の保障であることを明らかにしたことで知られるジョン・ロック（一六三二―一七〇四）は、『寛容に関する書簡』（一六八九）で、何が正しい信仰であるかは、政府による統治の管轄外であるという前提に立ち、国教徒と非国教徒を差別的に扱うべきではないと主張した。この著作でのロックの議論は、たとえ自分にとって見るに耐えない信仰であっても、他者の信仰を尊重し共存を目指すべきとする「寛容 tolerance」論のモデルになった。

信仰を個人の問題としてより明確に位置付けたのは、功利主義の哲学者ジョン・スチュアート・ミルだった。今でも自由主義の政治哲学の最高の古典とされる『自由論』（一八五九）で、民主社会における人間の活動領域を、多数決による決定に従うべき「公的領域」と、他者に直接影響を与える可能性が低いため、原則各人の自己決定に委ねるべき「私的領域」に分割した。そのうえで人がどのように生きるべきか説く宗教は、後者に属するはずだと指摘した。

ジョン・ロック（1632―1704）。「イギリス経験論の父」「自由主義の父」などと呼ばれる政治哲学者。

ミルはこれまでの西欧の歴史で、他者がどういう信仰を持っているかに拘ったことがどれだけの対立をもたらしてきたかを繰り返し強調したうえで、どの宗教を信じるかは、各人の生き方の選択の問題であり、それを他人に押し付けようとすることがそもそも間違いだ、と主張する。民主化された国家は、宗教など内面の問題に干渉して対立を煽るのではなく、むしろ社会の中に多様な考え方が存在するよう配慮すべきだ、という。

人々の生き方に対する宗教組織の影響力が弱まり、国民統合の観点から宗教や思想・信条の違いに関係なく人々を平等に扱う必要が高まったことから、近代国家は「政教分離」と「信教の自由」を基本方針とするようになった。しかし、個人に対する権利保障の問題である「信仰の自由」と違って、政治や法律全体の仕組みに関わる「政教分離」については、それをどの程度徹底するかは国によってかなり異なる。

英国は、国王を長とする国教会制度は維持しており、貴族院では国教会の高位聖職者が聖職貴族として議席を持っている。ただ現在は、国王や貴族院の政治的影響力はロックの時代に比べてかなり限定されるようになったので、下院を中心とする内閣制は実質的に政教分離で運営されていると見ることもできるが、厳格なものではない。

アメリカでは一七九一年に成立した憲法修正第一条項で、「連邦議会は、国教を定めまたは自由な宗教活動を禁止する法律」を制定してはならないとしている。しかし周知のように、大統領の宣誓式の際に左手を聖書の上に置くことや、紙幣や硬貨に〈IN GOD WE TRUST〉と印字されているなど、キリスト教が政治文化のベースになっていることを感じさせる表象は少なくない。

公教育についても、フランスのように「世俗性」の原理を徹底し、特定の宗教を連想させる事物を一切持ち込ませないようにしている国もあれば、ドイツのように、憲法に当たる基本法で、宗教団体の教義に従って行われる「宗教教育」を公立学校における正規の授業として認めている国もある。フランスのように、「世俗性」の原理に拘りすぎて、教室でイスラムの少女たちがスカーフを着用することまで禁じると、かえって、少数派の宗教生活が難しくなるよう国家が干渉しているような様相を呈する、という逆説が生じる。

「反社」という言葉を安易に使う風潮はいかに危険か

日本の場合、憲法二〇条で政教分離が定められているが、天皇制（憲法一～八条）がかつて国家神道と制度的に結び付いており、天皇の地位の継承が、記紀（古事記、日本書紀）等の神話に基づいている以上、天皇制自体が宗教性を帯びていることは否定できない。天皇制と関わる各種の儀礼や、各地の風習になっている神事に国や地方公共団体が関与することは「政教分離」違反なのではないかをめぐる違憲訴訟は少なくない。

「政教分離」は、特定の教団が他の教団や異なった世界観を持った人たちを、国家機関を利用して迫害・抑圧しないよう、国家機関をできるだけ中立に保つための制度的な抑制だ。これをやったら、即アウトというような普遍的ルールがあるわけではない。

日本国憲法二〇条で、「いかなる宗教団体も……政治上の権力を行使してはならない」と定められているが、これは特定の宗教団体が、国会や内閣などの統治機構と組織的に一体化して、直接的に権力行使することを指していると解すべきだろう。そうした組織的な融合の禁止以上のことを意味しているとしたら、おかしなことになる。

宗教が自らの教義に基づいて、妊娠中絶や同性婚、教育、性表現、環境、安全保障などのテーマで独自の政治的主張を掲げ、それを政治家や法律家、ジャーナリスト、官僚などに働きかけることを一切禁じるような法律を制定している近代国家はない。そんなことをすれば、それこそ思想・信条の自由の侵害になる。

最近、アメリカの最高裁による判例変更が大きな話題になった、妊娠中絶をめぐる論争では、福音《ふくいん》派と呼ばれる、聖書の教えに忠実であることをモットーとする保守的なプロテスタントの諸集団が、反中絶運動を牽引《けんいん》し共和党の一部に強く働きかけてきた。ヨーロッパには、キリスト教民主主義を名乗る政党が多くあり、それらは政権与党や第二党になっている。

統一教会であれ、他の宗教団体であれ、自分たちの宗教的理想の実現に協力してくれそうな政党や政治団体を支援し、影響を与えることが、政教分離の名の下に否定されるということはない。ここを理解しないまま、〝政教分離原則〟違反などと言い出すと、お子様な話になってしまう。

問題は、その働きかけの目的が、その宗教を信じていない人たちとも共有可能な理想ではなく、その教団に固有の利益を得るためであり、それによって政治や法が歪められてしまうことだ。その場合は、二〇条の「いかなる宗教団体も、国から特権を受け……てはならない」に違反していることになる可能性がある。

ただ、先に述べたように、宗教団体であれ、他の圧力団体であれ、政治家に会って働きかけること自体は違法ではない。贈収賄のような分かりやすい問題を除いて、政治家がどのような種類の働きかけ——信仰をたてにした脅迫的な説得、選挙での支援を見返りにした取引等——を受け、どのような行動を行なったら、その宗教に不当な便宜を与えたことになるのか、はっきりした基準を作るのは難しい。

旧統一教会の場合、勝共連合や天宙平和連合（UPF）のような関連組織を作って、それを介して政治家に働きかけたり、選挙協力したりするので、関係性が分かりにくくなっている、という固有の問題はある。この際、旧統一教会と政治の関係を、はっきりさせておくべきだと、元信者としても思う。ただ、そうは言っても、法律で「宗教団体と関係が深い政治団体は、その内容を公表する義務がある」というようなことを定めようとすると、

「関係が深い」ということをどう定義するのか、という問題が生じる。下手をすれば、政治団体の会員の思想・信条をチェックしないといけない、ということになってしまう。特定の宗教団体に限定した情報公開義務を定めることは、法の適用対象の「一般性」という観点から見て無理がある。どういう制度にするのが妥当か、慎重に考える必要があろう。

元信者でもある私がこのようなことを指摘すると、短気で自分の聞きたい話以外は全て雑音に聞こえてしまうお子様たちが、「仲正はやはり洗脳が解けていない（現役信者だ）。統一は普通の宗教ではない、反社ではないか。政治家が反社と付き合っていいはずがない」、と騒ぎ出しそうだが、いい年したお子様はもはや治しようがないので、放っておくしかない。聞く耳がある人向けに言うと、統一教会を〝反社〟と認定するのはいいとしても、どういう基準で、認定するのか、それが問題だ。少なくとも現段階では、旧統一教会を暴力団と同じように扱うことを正当化するような法的根拠はない。法的根拠もないのに、法律に詳しいはずの人まで含めて、安易に「反社」という言葉を使う風潮は危険だ。旧統一教会に限らず、マスコミやネットで叩かれた団体は、イメージだけで、〝反社〟にされてしまう危険がある。

〝反社〟認定はお子様たちが思っているほど簡単な話ではない

旧統一教会の場合、霊感商法問題と多額献金問題が〝反社〟扱いされている最大の理由だろう――反共とか、韓国生まれの宗教だからという理由で、〝反社〟扱いしている輩もいそうだが、そういうのは無視しよう。宗教団体がこうした問題を起こすことを防止するために、旧統一教会のケースをモデルにして、宗教法人法の改正やフランスの反カルト法に当たる法律を作ろう、というのであればいいのだが、いずれにしても、イメージだけで、〝反社的な悪い宗教〟を作り出さないよう細心の注意が必要だ。

まず、統一教会の信者でない人に壺や多宝塔など、〝霊的〟な商品を売る霊感商法と、信者による献金ははっきり分けて考える必要がある。

前者の〝霊的な商品販売〟については、先祖の供養とか開運、魂の浄化といった名目で、宗教的な商品を売るということは統一教会系の専売特許ではなく、古くからある伝統的な宗教でも行われている。霊の話をしたからアウト、というわけにはいかないだろう。

一部の統一教会の信徒がやっているように、霊的現象が起こっているかのような芝居をやってみせたりして、客を惑《まど》わせるのは明らかに詐欺だ。私が統一教会で活動していた当時、そういう本当の詐欺を働いている信者も実際にいるので嘆かわしい、という話を教会内の礼拝や講話で聞いた記憶がある。

ただ、これを言うと、また「マインド・コントロールが解けていない！」と言われそうだが、多宝塔、壺、印鑑など霊的なものに纏《まつ》わる販売の全てが、そういう意味での詐欺というわけではない。自分たちは統一教会の信仰を持っているとはっきり言ったうえで、それらの事物を売っていた信者も、統一教会と分かったうえで買った人もいる。値段も、壺に関してはかなり幅があるようで、低い場合は、私の知る限り、40万円くらいのものもあった。

どういう風に説明して、どれくらいの値段で売ったら、〝反社会的〟と言えるほど悪質なのか、一概に決めるのは難しい。刑事事件に発展し、有罪が確定したものにだけ限って、話をすれば、かなり焦点は絞り込めそうだが、その団体の信者の何人、あるいは何割が有罪判決を受けたら、〝反社認定〟するのか。〝宗教団体〟なんだから、一人でも犯罪者を出したら、即アウトで〝反社〟と言いたい人もいるだろうが、そんな〝厳しい基準〟を設定すれば、統一教会だけでなく、多くの宗教団体がアウトになってしまうし、宗教弾圧の口実がいくらでも作れてしまう。犯罪には、道路交通法違反、不用意にカッター・ナイフを持ち歩いたことによる銃刀法違反、修行や祭事に際してのトラブルから発生した暴行・傷害のようなものなど、いろいろある。どういう種類の犯罪をカウントするのか。ちゃんとした基準を定めるのが難しいので、法律をいじらない方がいい、と言いたいわけではない。お子様たちが思っているほど、簡単な話ではないということだ。

高額献金の場合は、もっと話が難しい。本人が信仰を持っていたのであれば、それを禁止するのは信教の自由に反するだろう。扶養家族がいる人の献金額を限定するというようなことは可能かもしれないが、全面禁止は難しいだろう。

「そんな献金は、マインド・コントロールを受けたことによるものなので、無効だ！」、と言う人もいるが、「マインド・コントロール」を、法廷で通用するような明確な基準で定義するのは難しい。より多くの犠牲を捧げるほど、試練を乗り越え、救いに近付けると信じている人もいる。下手に定義すれば、特定の宗教を〝信じている〟人は全てマインド・コントロールされていることになり、責任能力を一切否定されることになりかねない。第三者的に見れば不条理だが、本人にとっては、それが救いになっていることもあるのだ。

「信仰するほど、自分を追い込むことになってしまう教えはおかしい。そんなのはマインド・コントロールだ」、と感じる人が多いとしても、多数決でマインド・コントロールかどうか決めるわけにはいかない。

「マインド・コントロール」に明確な定義などない。ネット上で、「カルト！」「カルト！」と一日中吠えている連中は、ドラマに出てくるような、文字通り、思考停止していて、教祖の指示があるまで、機械的な運動を自動的に繰り返す人間を連想しているようだが、そんなものは、彼らの脳内にしか存在しない。反カルト言動を唯一の生きがいにしている依存症の連中は、自分が気に入らないものは、何でも「マインド・コントロール」と言って片付けようとする。こういう連中にとっては、「信教の自由」だけでなく、「言論の自由」も無意味だろう。「マインド・コントロールされている」と彼らの直観で認定された者は、一人前の人格として扱われないのだから。

統一教会ネタに群がるアンチ・カルト依存症の輩

私がまだ「マインド・コントロール」状態にあると言っている連中は、私が統一教会のことを最大限にあしざまに罵ろうとせず、できるだけ見たままを語ろうとするのが気に入らないので、私がマインド・コントロールされていることにして、証言能力を否定しようとしている。そういう連中の中で特にしつこく悪質だったのは、自称ITジャーナリスト、自称囲碁漫画家、自称IQの高い発達障害者の三匹だ。

自称ITジャーナリストは、私が統一教会についてあまり悪く言わないことを、カルト研究用語で、「感情面でのマインド・コントロールが抜けていない状態という」と評していた。便利な言い方だ。統一教会が嫌なことばかりの団体なら、信者になる人などそもそもいるはずがない。少なくとも心理的に多少のプラスの面があるから、何十年も信者になっている人もいるのだ。そこを私が客観的に語ろうとすると、「感情面でのマインド・コントロールが解けていない」とわめきたてる。恐らく、統一教会は地上の地獄だと言わない限り、私は「マインド・コントロール」から解放されたことにならないのだろう。こういう、他人を落としめることでネット世論を誘導する手口は、「マインド・コントロール」的やり口ではないのだろうか。

自称漫画家は、自分の妹が統一教会に入信していたことがあって、私がテレビでしゃべっているのを聞いて、その時の妹のしゃべり方を思い出して気持ち悪かった、と言っている。この妹が実在するにしても、こいつの空想の産物にしても、自分が何を言っているのか分かっているのだろうか、そんなことを言う自分が気持ち悪いと思わないのか、と言うしかない。

自称発達障害者は、「統一教会に入信した者のほとんどは大学中退に追い込まれているのに、仲正はちゃんと卒業させてもらっている、つまりエリートだった。だから統一教会に懐かしさを抱いており、いつか戻る危険がある」、などと、無根拠な前提に基づいて、勝手な妄想話を展開している。ほとんどが中退に追い込まれている、などという話をどこから仕入れてきたのか。統一教会ネタに群がるアンチ・カルト依存症の輩には、こういう出所の分からないネタを不動の事実であると思い込み、それを認めないと、「洗脳されている（洗脳が解けていない）！」と叫ぶのが多い。話にならない。

自分たちの思い込みは一切疑わず、気に入らないことを言う他人を、「マインド・コントロール」というマジック・ワードで抹殺しようとする輩によって、実質的に〝反社〟認定が行われるようになったとしたら、それこそ、ミルやアーレントが恐れたような社会になってしまう。

統一教会が従来やっていた活動の一部を違法化する立法措置を検討するのはいい。それで、旧統一教会が事実上の解散に追い込まれたとしても仕方ないだろう。しかし、繰り返し言うが、そのためには、宗教団体としての資格をはく奪するにたる客観的基準を決めねばならない。「マインド・コントロール」や「洗脳」という言葉が大好きな、アンチ・カルト依存症のお子様たちや、その機嫌を取る人たちが主導権を取れば、まとまる話もまとまらないか、極めて、おぞましいことになるか、どっちかだ。

3

ネット社会が生み出した〝日本の影の支配者＝統一教会〟という虚像

統一教会の実力を過大評価しすぎの背景

既にいろんな媒体で述べたことだが、旧統一教会をめぐる現在の大騒ぎは、（どう多く見積もっても信者数十万人にも満たない）統一教会の実力を過大評価することで、面白おかしいネタに仕立て上げようとするマスコミやネット民の思惑によるところが大きい。

確かに霊感商法の被害者は存在するし、高額献金して自分や家族の生活が成り立たなくなっている人がいるのは深刻な問題だ。しかし、だからといって、統一教会と〝接点がある〟議員が一人でも残っている限り、政治を前に進めることはできない、統一教会の信者が一人でも日本国内に残っている限り、日本国民の安全が脅《おびや》かされ続けるかのような風潮が続くのはおかしい。統一教会を壊滅させたり、議員や議員秘書の宗門改めのようなことをやらなくても、被害者救済と更なる被害の防止に取り組むことはできるはずだ。

何らかの客観的基準を決めたうえで統一教会の活動を規制し、従えないようだったら、宗教法人としての解散を命じるというのであればいい。ただし、「解散」させても、法人でなくなるだけであって、宗教活動はできるし、財政状況によっては、資産を売却させても、被害者救済のための金は残らないかもしれない。また、自民党などが、所属職員が組織を利用して布教活動するのを禁止するのならいいが、職員の採用に際して、特定の宗教に対する信仰の有無を問うのは、明らかに、信教の自由の侵害だ。霊感商法に関わっていたかどうかというような行為を問題にするのと、信仰の中身を問うのでは話が全然違う。

元信者である私がこういうことを言うと、すぐにどこかのネットの老害が、「仲正はまだ……」と言い出すのだろうが、上記のような区別をすることの重要さがピンとこないような人間は、社会の中でちゃんと働いた経験がないまま歳だけ取っているか、根っからのファシストだ。マインド・コントロールを疑われるべきは、統一教会（員）に対しては何をやっても許される、と無邪気に信じているこの手の輩だろう。

無論、その手の質の悪い連中でなくても、「でも、統一教会が存続する限り、何が起こるか……」、と漠然とした不安を抱いている人はいるだろう。ただ、その不安は、以下の二つの勘違いによって引き起こされている場合が多いのではないか、と思う。

① 自民党議員は統一教会の〝信者〟でもある
② 統一教会が自民党の政策を決定している

①について。既にいろんなところで述べたが、韓国人の教祖（故人）を再臨のメシアとし、全ての人間はメシアによって原罪清算されねばならないとする統一教会の教義は特殊である。信者になる人の多くはいろんな悩みを抱えていたために、その特殊な教えを受け入れてしまうわけだが、社会的地位が高く、失うものが多い議員たちが、そう簡単に、文教祖をメシアと受け入れ、教団の指示に素直に従う信者になるとは考えにくい。今名前が挙がっている議員たちが、修練会などで統一教会

韓鶴子（1943－）。統一教会の教祖・文鮮明の三番目の妻。世界平和統一家庭連合の総裁。

の教義をひと通り聞いて、信仰生活を送っているという証拠はあがっていない。本当の信者なら、一般の人も参加している行事で、「マザー・ムーン」とかいうような軽口を叩かないだろう。

昔から——少なくとも、私が信者だった一九八〇年代頃から——かなり雑な思考をしているサヨクたちは、自分が気に入らない思想を、右翼天皇主義＝自民党＝新自由主義＝日本会議＝……＝統一教会と適当に結び付けて、それをまとめて「トーイツ」とか「壺」などと総称していた。彼らの「＝」は単に、協力関係にある、とか、同じ政策を支持している程度の意味しかないはずだが、バカの一つ覚えで、「＝」で結ばれている項のどれかに当てはまる人を、「トーイツ信者」と呼んでいるうちに、何となく、自民党員とか、竹中平蔵氏のファンとか、日本会議関係者とかが、全部「トーイツ信者」になってしまうようである。単なる嫌いなものの総称なので、中身はないのだが、彼らの中では、「ウヨク」は基本的に「トーイツ信者」になってしまうようである。

今回の騒ぎで頻繁に見かける、雑な反統一教会ツイート（ポスト）は、そうした昔ながらの「トーイツ」連呼の再現である。彼らは、これまで陰謀論で片付けられてきたことが真実であったことが立証されたなどと言っているが、明らかになったのは、統一教会が選挙支援する見返りに、議員たちが信者中心のイベントに参加したり、祝電を送ったりした、というちょっとした協力関係があった、というだけのことだ。単なる印象で言っていた「＝」の一つに多少の実体があったというだけのことで、文字通りの「＝」であることが証明された、というには程遠い――彼らの雑な頭では、何によって何が証明されたのかさえ理解できないのかもしれないが。

現在のマスコミの報道は、議員たちを露骨に信者扱いしていないものの、そういうサヨク的な「トーイツ」イメージに影響され、同じような発想をしているとしか思えない場合が多々ある。テレビに匿名で出てくる元二世信者を名乗る人たちの中に、安倍元首相が、身内であったかのように語っている人がいる。それはどういう意味で身内なのか、マスコミならちゃんと聞くべきだが、「身内のようなものだと感じていました」という発言を引き出せれば、それで満足してしまうようだ。誘導しているのではないかと思う。私に、「勝共連合のイベントで岸（信介）さんの姿を見た時、特別な感慨を抱きませんでしたか」、としつこく聞く人が何人かいたが、自民党の議員を崇拝の対象にしていることにした方が面白いと思ったのだろう。

騒動で露わになった「サヨクたちの雑な思考スタイル」

サヨクたちの、「嫌なものは何でもトーイツ」がいろんなところに伝染しているようで、本当に嫌になる。私がテレビに出演した時に、統一教会の教義について説明しようとすると、やたらと、「話が長い」「頭に入ってこない」「これで教授！」「金沢大学大丈夫？」「まだマインド・コントロールが……」、としつこく誹謗中傷する集団が湧いて出る。なかには、「テレビで教義について語る仲正は危険だ」とまで言い出す奴もいる。この手の連中は、教義のことなどどうでもいいから、とにかく「トーイツ」の悪口を言いたいのだろう。彼らは、どういう教義を信じ、実践しているのが、統一教会の信者なのか理解しないまま、いや、理解するつもりもないまま、自分たちが憂さ晴らしのために攻撃したいものを、「トーイツ信者」と呼んでいるだけだ。そうでないというなら、統一教会信者が何を信じて、どういう行動をする傾向があるのか理解する努力をすべきである。そういう努力をしないで、「統一は……」と言っている人間は、雑なサヨクたちの「＝」思考に同調しているだけだ。

②についても、最近のマスコミ報道には短絡的な誤解がある。統一教会は、共産主義な

どの唯物論をサタンの思想と見て克服しようとし、伝統的な意味での「家族」形体を重視し、国や郷土を愛すべきという発想をしているので、自民党など保守系の政治思想と共通点が多いのは当然である。共産主義をサタンの最後のあがきを表す思想と特定している点を除いては、神道など他の宗教とも共通するところは多い。

彼らは、自分たちの理想に近いことを言っている議員を支援しているのである。それを統一教会が自民党の政策を決めていると言うのは、見当外れだ。統一教会が自民党の政策を決めていると言うのであれば、少なくとも、統一教会がアプローチして、選挙支援などを行うようになった「後」で、掲げている政策が明らかに変化し、急に過激な保守になった議員が多数にのぼることを立証しないといけないが、そんな証拠はあがっていない。

例えば、改憲や自主防衛力強化は、自民党が結党以来言っていることである。自民党の結党は一九五五年で、この時期には、統一教会の日本宣教がようやく始まったばかりで、政治家にアプローチする余裕などなかった。政治運動団体である勝共連合を創設するのは、一九六八年である。自民党にはハト派も多く、自主防衛力強化のための改憲に党全体として一致して取り組める体制になっていなかったので、統一教会－勝共連合が、タカ派にアプローチし、協力関係を築こうとしたのである。

ごく普通に考えれば、ソ連などの旧社会主義諸国の抱える構造的問題が露呈し、中国や北朝鮮の軍事的脅威が深刻化する、といった時代の変化と共に自民党の中のタカ派の勢いが強くなったのであって、統一教会のおかげで、そうなったのではない。統一教会としては、当然、それを自分の手柄のように語りたいし、教団内ではしばしば、そういう言い方をして信者を勇気付ける。現在のマスコミや反統一教会のネット世論は、そういう統一教会側の内外向けの自己PRを真に受けているかのようで、元信者である私にとっては、全くもって倒錯しているように見える。彼らは、こういうネガティヴな騒ぎさえなければ、統一教会自身が宣伝したいと思っていた妄想的な手柄話を、ほぼなぞっているのである。

教育や家族関係の政策は、統一教会が牛耳っているのではないか、という人もいそうだが、既に当該の議員たちが反論しているように、彼らのほとんどは、統一教会と付き合う前から、子育て、夫婦関係について保守的な考えを持っていたと思われる。そもそも、もともとそういう考えをしていなかったら、信者でもないのに、自分の主要政策で、統一教会の言い分をそのまま取り入れたりしない。最初に述べたように、統一教会の信者数はどんなに多く見積もっても十万人程度である。そんなミニ教団のために、自分の有権者の意志に反する政策を採用するだろうか。普通に考えれば、彼らは有権者にウケそうだから保守的な家族・子育て政策を掲げたのであり、そこに統一教会が目をつけて支援を申し出、彼らが党内で出世すれば、それを自分たちの手柄にしようとするのである。自民党内の保守的な家族観を持っている議員が勢力を伸ばすのを助けたのは間違いないが、それをもって、統一教会が自民党をマインド・コントロールしているかのように言うのは主客転倒である。

更に言えば、統一教会の教義と、統一教会の関連団体が自民党にすり寄るために掲げているダミー政策を同一視する勘違いが、〝統一教会問題専門家〟にも見られる。例えば、夫婦別姓反対は、明らかに、保守的な人たちにアピールするために世界日報が独自にやっていることである。韓国発祥の統一教会は、むしろ韓国と同様に夫婦別姓を、理想社会の夫婦の在り方として望ましいと考えている。故文教祖夫人の名前を考えてみればいい。

ＬＧＢＴについては、神の二性性相の表れである男性と女性の祝福に基づく交わりを起点とする家庭の理想を説く統一教会の教義からすれば、あまり好ましい現象でないのは間違いないが、少なくとも、私がまだ信者だった九〇年代の初め頃までは、同性愛に反対するというようなことは公式に言っていなかったし、同性愛の人はそのままでは祝福を受けられないので、治療を受けた方がいい、というようなことを遠慮がちに言っていたくらいである。

恐らく、露骨にＬＧＢＴ反対を唱えれば、そういう人たちを信者にすることができなくなるし、ＬＧＢＴの人がいる家庭に伝道することが難しくなるので、表立って問題にしていなかったのではないかと思う。今でもＬＧＢＴ問題で表立って発言しているのは、関連政治運動団体である天宙平和連合（ＵＰＦ）であって、統一教会本体＝世界平和統一家庭連合本体はさほど積極的に発信していない。

無論、家庭、子育て、ジェンダー・セクシュアリティなど、人のアイデンティティをネタにして与党の一部に食い込むというのは、恥ずべきことであり、宗教団体がそれをやっているのだから猶更だが、それは統一教会の教義が政界に浸透している、というのとは全く違う話である。

舛添要一氏のド素人発言とジャーナリズムの絶望的な劣化

こんなことは日本の政治の歴史を少しでも勉強したことのある人なら、すぐに気付いてしかるべきだが、政治のプロであるはずの人たちでさえ、マスコミや統一プロに誘導されて、ド素人発言をしている。特に、目立ったのは、舛添要一氏の九月十三日のツイート（ポスト）だ。曰《いわ》く、

「統一教会の問題は、支援された議員が政策までもこのカルト集団の考えと同じにする

ことである。たとえば、個人よりも家庭の重視、男女別姓反対、ＬＧＢＴ敵視という政策だ。それは憲法改正案にまで及んでいる。議員は政策が命ではないのか。安倍政権になって、日本の右傾化が進んだこととの背景がこれである」

こんな雑なことを、自民党政権で厚労相を務め、都知事にまでなった著名な元政治家、そしてかつて、東大の助教授時代、政治学の若手ホープで駒場一の切れ者かと言われたことある人がツブヤクのだから、情けない。彼は、自民党をどういう政党だと思って所属していたのか？

劣化しているのは舛添氏だけでない。祝電とかイベント参加など、どう霊感商法と繋がっているのかよく分からない些細《ささい》な〝問題〟をめぐる騒動が続いている責任は、自分がどのような考えで、統一教会や関連団体と協力するようになったのかきちんと説明しないで、「統一教会とは知りませんでした」、と見え透いた言い訳をしている議員たちにもある。

自分が確固とした政治信念を持って活動していて、それと、統一教会が掲げている運動目標が重なっていたので、協力できると思ったのであれば、どちらが「先」か説明できるはずである。統一教会が問題含みの宗教であることは知っていても、自分に〇〇の政策実現のために協力してくれる信者たちは、それに直接関わっておらず、連帯責任を問う必要はないと思ったのであれば、そう言えばいいのである。

　そういう当たり前の説明ができないのは、強い信念を持たないで何となく保守層にウケそうな政策を掲げているだけで節操がないから、そして、特定の宗教や思想を持つ団体とどう付き合うべきかちゃんと考えたことがないからだろう。私が統一教会にいた頃の自民党の政治家には、シベリア抑留経験者など、自らの経験に基づいた強い反共の信念を持って、勝共連合と付き合っていた人もいた。「あの宗教はうさんくさいけど、反共の戦いのために必要な団体なので、付き合ってやっている。宗教のせいで、おかしなことをやるようなら、俺が教育してやる」、というような強気の態度を取っていた人もいた。自民党は表面的に保守傾向が強まっているようで、実際には、あまり信念なくビジネス右翼的に振る舞っている人が増えているだけかもしれない。

　今回の騒ぎで最も劣化を感じたのは、マスコミ、特にテレビ報道である。統一教会のやっていることが疑問だらけだとしたら、教会側に答えてほしいことを番組内で質問として投げかけ、回答を待つべきである。まともに回答しないかもしれないが、次の放送の時に、「回答はありませんでした」、と伝えるべきである。

　無論、そういうことを一つ一つやっていると時間を食う。「仲正はまだ……」とすぐにわめき出すような輩は、そうしたやりとりを見てもつまらないので、「無駄に時間を使いすぎ」「トーイツの答えなんかいらない」と騒ぎ出すだろう。それで、スタジオにいるトーイツの専門家に、統一教会の考えていそうなことを、おどろおどろしく代弁させることになる。当事者が出てくるとしても、脱会して明確に反教会の立場を取っている匿名の元信者たちだ。レベルの低い視聴者はそれで満足する。翌日は、似たような次のネタに移っていて、前日どういうやりとりをして、どういう〝結論〟を出したか振り返ることはない。新聞や雑誌も基本は、同じだ。

騒ぎの焦点になっている当事者にしつこく返答を求めないで、報道と言えるのだろうか。反トーイツの立場の人以外、統一教会糾弾番組に出演させるべきでない、などと無茶苦茶な主張をしている老害ツイッタラーであれば、「トーイツの人間は、どうせ洗脳されているので、有害な宣伝しかしないので、呼ばない方がいい」、と言うだろう。その手の輩はもう治りようがないだろうが、そういうのに迎合して、面倒くさい手間を省くのは、ジャーナリズムの死だ。どんなに話が通じない相手でも、しつこくいろんな角度からアプローチし、ちょっとでも反応したら、それをきちんと伝え、その意味するところについて客観的に分析してこそ、ジャーナリズムではないのか。

4

なぜ「国葬」に反対しないで、「アベの国葬」に反対するのか？

国家は人の死を利用する。宗教はそれ以上に、人の死を利用する

国家は人の死を利用する。国のために死んだ人を追悼《ついとう》することは、愛国心や同胞意識、名誉欲などを喚起することになる。政治思想史では、ペロポネソス戦争（BC四三一－四〇四）の時のペリクレスの戦死者への追悼演説が有名である。

宗教はそれ以上に、人の死を利用する。その典型がキリスト教だ。十字架の上でのイエスの死を教義の中心にすえただけでなく、多くの殉教者《じゅんきょう》を聖人にした。哲学も、ソクラテスの死を、真理探究者の覚悟のようなものを示すシーンとして利用した。

今回の安倍元首相の死も、多くの人たちによって利用されている。国葬をいち早く決め

た政府・与党は、これを自民党政権が命がけで政治に取り組んでいることをアピールするために利用している。統一教会は、安倍氏が南北朝鮮統一のための戦いで、自分たちと完全に志を一《いっ》にする同志であるかのようなアピールするために利用した。

ただし、統一教会と安倍氏の関係について早とちりしていた人たちがいたので、念の為に言っておく。八月にソウルで開催されたワールドサミット２０２２で、安倍氏を追悼するセレモニーが行われたが、あれは、統一教会式の葬儀ではなく、サミットに参加していた、信者でない各国（元）首脳や他宗教の代表も参加できるよう、簡単に献花を行なっただけである。これを統一教会葬であるかのように言っているネット民が多かったし、それに乗っかるような報道をしたマスコミもあった。恐らく、安倍氏が、教祖夫妻と並んで、旧統一教会の崇拝の対象になっているかのようにした方が面白いし、統一教会と自民党を叩きやすいと思ったのだ

安倍晋三元首相が銃撃を受け暗殺される。自民党本部に記帳台設置され多くの人が献花に訪れた（2022年7月12日）。

ろうが、これは、露骨に「人の死」を利用しようとする政府や旧統一教会と比べると、かなり陰湿なやり口だ。

安倍氏の国葬に反対している人たちの「利用」の仕方は更に陰湿だ。リベラル・左派が、特定の人物を、国民の手本となるような人物として讃える「国葬」などという仕組みに反対するのであれば分かる――私も基本的には反対である。しかし彼らのほとんどは、「国葬」ではなく、「アベの国葬」に反対している。

彼らは、安倍氏は格差拡大に貢献し、憲法をないがしろにしてきたので、負の功績が大きいということや、統一教会の癒着の元凶なので、国葬にふさわしくない、ということを主張する。しかし、既に「BEST T!MES」に掲載された拙稿「安倍暗殺の原因を勝手に決めつけ、誇大妄想的な自説を展開する人たち」(本章第1節178ページ参照)でも述べたように、安倍内閣の経済政策が弱い者いじめであったと客観的基準に基づいて決めつけることなどできない。逆に言えば、どういう経済政策を行なった首相なら、国葬にふさわしい、ということになるのか。経済成長や財政赤字の影響は一切無視して、高所得者・大企業への課税を強化して、社会的弱者への福祉の面で大盤振る舞いするような首相であれば、ふさわしいのだろうか。また、憲法をないがしろにしたのが悪いというのであれば、九条護憲至上主義者であればふさわしいということなのか?

また、統一教会がのさばって、山上徹也容疑者の母親が高額献金して一家が生活に窮乏したのは、(信者でもない)安倍氏のせいだ、と決めつけている人は、統一教会と自民党の〝ズブズブの関係〟なるものが報道されるたびに、鬼の首を取ったように、「やっぱり」と叫ぶ。ネット上の国葬反対派と、〝ズブズブの関係〟に喚起する派はかなりかぶっているようだ。しかし、本章第3節の「ネット社会が生み出した〝日本の影の支配者=統一教会〟という虚像」で論じたように、マスコミ報道で明るみに出たことは、自民党の議員たちが統一教会系のイベントに参加したり、祝電を送ったり、といった些細なことばかりである。

他人の人生を分かった気になれる反アベの人たち

安倍氏が統一教会の一員であるかのように言うことに拘る人たちは、広告塔効果の話をする。広告塔効果がある程度あったのは確かだろうが、どの程度のものなのか。健康食品とか金融商品の販売であれば、有力議員が後援していると聞いて安心要因になるかもしれないが、ある宗教に完全に入信し、自分の人生を捧げるかどうか決めようとしている人が、元首相の御墨付きごときものに影響されるだろうか。最初にイベントにちょっと参加するくらいなら、多少の安心要因になるだろうが、イベントに参加した人が、すぐに信者になるわけではない。
イベントに一度参加してしまったら、マインド・コントロールの罠に捕まってしまって、抜け出せなくなると言いたいのかもしれないが、一度イベントに顔を出しただけで、その人の心を支配するようなマインド・コントロール技術など、SFか彼らの脳内にしかない。あるいは、イベントにやってくる人は、メンタルが弱くて、すぐに操られてしまうとでも思っているのだろうか。山上容疑者の母親はそういう、安倍元首相の肩書で騙されてしまうような、意志薄弱な人間だったというのであろうか。

山上容疑者の母親がどういう経緯で入信し、財産のほとんどを献金するに至ったかは明らかになっていない。山上容疑者が、安倍元首相に対して本当のところどういう感情を抱いてきたのかも分かっていない。統一教会と親しかったからというのは付け足しで、実際には、権力の象徴としてターゲットにしたのかもしれない。そもそも山上容疑者は、ごく最近までは、自分の人生を生きようとしてきたのだから、統一教会への恨みだけが、母親の入信後の彼の人生の全てだったわけでもない。どうして反アベの人たちはそう簡単に、他人の人生を分かった気になれるのか？　山上容疑者が安倍元首相を暗殺したのは必然であったかのように言っている人たちは、自分たちが山上自身と彼の母親を、何の主体性もなく、周囲の影響に簡単に流されてしまう人間扱いしているのに気が付いているのか。

山上容疑者のことを、統一教会とアベのせいで自分自身の人生を生きることができなかった人間だと決めつける一方で、彼らの中には、極悪人であるアベを成敗し、〝日本の影の支配者統一教会の巨悪〟を暴いた彼を、〝殉教者〟扱いしている人たちもいる。少なくとも、アベ国葬に全力で反対している人たちのほとんどは、そういう危険な傾向を黙認、当然視している。アベが悪かったので、しょうがない。

山上容疑者が殺したのは安倍元首相一人なので、死刑にはならず、いつか刑期を終えて釈放されるだろう。釈放されたら、彼らは山上を聖人として歓呼の声で迎えるつもりなのか。否、既に彼の〝信者〟になる人が出始めている。人を殺しておきながら聖人扱いされる人がいる一方で、殺されたうえに、侮辱され、殺してもまだ飽き足らないかのように言われている人がいる。それだけは、客観的事実である。これが、「正義」を求める人たちのやることだろうか。

国家の英雄を作り出す「国葬」という仕組みに反対せず、国葬をネタにアベを悪魔扱いし、山上容疑者を赤穂《あこう》義士のように言う人たちは、最悪の形で、「人の死」をもてあそんでいる。彼らのやっていることは「負の国葬」だ。

安倍長期政権の功罪を検証するというのであればいいが、それを、「アベは国葬に値しないひどい奴だ」、という人格攻撃のネタにするというのは、本末転倒だ。それとも彼らは、日本国民は、国葬が行なわれたら、（山上ではなく）アベを神として崇《あが》めるようになるほど、愚かだと思っているのか。それほど単純で、セレモニーの影響を受けやすいバカばかりだから、（自分たち頭脳明晰《めいせき》なエリート以外は）すぐにトーイツに洗脳される、と思ってしまうのだろうか。

5

民主主義に「根回し」は不要か？人間は、自分が思っているほど理性的ではない

民主主義に「根回し」は不要か

森元首相が、女性蔑視発言で東京オリンピック・パラリンピック組織委員会の会長を辞任に追い込まれた問題では、後任の会長選びが密室で進んだこともマスコミは批判的に報じた。森氏は首相在任当時からたびたび失言騒動を引き起こしたにもかかわらず、一般国民の眼に触れない裏での交渉が巧みとされ、そのため権力の中枢に近い所に居座り続け、たびたび政局に影響を与え続けているとされている——私の務める金沢大学でも、比較的最近まで、何か改革をするたびに森氏の意向を気にする風潮があった。

小渕首相の急死を受けて、（当時幹事長だった森氏自身を含む）五人の自民党幹部の密室談

合で後継首相に〝選ばれた〟森氏は、小沢一郎氏と並んで、密室政治や根回しといった、旧来の自民党政治の象徴と見なされてきた。会長交代劇を機に、公開の場ではないところで、物事が決まっていく、日本の政治の在り方に対する批判的な声が高まっている。

確かに、公的な場で、まるで身内だけの（＝プライベートな）会合でのような気楽な調子で放言し、肝心なことは、密室や根回しで決めるという森氏的な体質は、民主主義の公開性の原則と相容れないように見える。

しかし、改めて、民主主義的決定には事前の「根回し」は一切不要なのかと問うてみると、そうとは言い切れない側面もある。この点について、政治思想史的に掘り下げて考えてみよう。

公的機関が意志決定を行う会議でどういうやりとりがあったかは全て公開すべきか。直感的に、そうだ、と思う人が多いだろうが、一〇〇％そうだと決めつけるのは、組織の意志決定のための会議に参加したことがない人か、何も考えていない人である。

大学の教授会で行われる議論で、絶対に外に公開してはいけない内容がある――英語ではそういう内容を〈private〉と形容する。入試の合否、成績評価、卒業の可否、懲戒など、学生の身分や在学年限に関わること、及び、教員の採用・昇格・懲戒など人事に関わることである。

東京2020組織委後任を橋本聖子に要請した森喜朗元会長（2021年2月17日）。

客観的なデータに基づいているにせよ、特定の個人の能力や人格について価値評価することになるので、議論の記録が拡散すれば、否定的にコメントされた人の名誉やプライバシーの侵害になりかねない。発言した人や、その教授会、延《ひ》いては大学全体との関係がこじれ、大きな問題に発展する恐れもある。

個人の評価や処遇に関する、特に不利益処分をするか否かの審議は、結果だけ本人に伝え、どのような発言があったかはprivateなままにするのが基本である。各種学校、一般の企業や官公庁の会議でも基本は同じだろう。

当事者の私的な利害や名誉に関係することとは極力外に出さないように気を付けるし、

会議の席でどこまで情報伝達するかは、議長役と直接の担当者の間で入念に検討するのが普通である。

私たちのほとんどは〝人生経験〟から様々な先入観や私的――つまり、他人に公言することがはばかられる――価値観を抱いており、咄嗟に意見を言おうとすると、差別とか名誉毀損に当たるような、とんでもない失言をしてしまうことがある。

ネットリンチが容易になった理由

加えて、何千、何万人もの当事者がみな対等な発言権を持っていて、それぞれが勝手に話し始めると、近年のＳＮＳでの〝論争〟でよくあるように、偏見による思い付きの連鎖と、特定のターゲットへの集中攻撃（リンチ）、炎上が続いて、怒りが増幅するだけで、いつまでも決着がつかない、ということになりかねない。

かつては、怒りを表明して暴れるにはかなりのエネルギーを要したが、現代では、ネットなどの通信技術の発達で、手軽に〝大騒ぎ〟できるようになった。

それを防ぐには、少なくとも最終決定を行う議論の場では、様々な立場の人たちの意見を代表する立場にある、少人数の代表者にだけ発言を許し、その人たちに理性的な議論のエキスパートになってもらうしかない。それ以外の人は、事前に意見を集約し、代表者にそれを会議で代弁するよう依頼することで我慢しなければならない（＝代表制民主主義）。

実際には、代表者として理性的な議論を行う資質がある人が選ばれるとは限らず、むしろ余計に話をややこしくする人が代表者になることも少なくないが、誰が最も「理性的」なのかを客観的に判定する手段がない以上、やむを得ないことだろう。

更に、意見集約の段階で、利害関係者やうるさそうな人に対しては、事前に非公式の場で本音を言わせたうえで、妥協の余地を探り、意見がまとまりやすくする準備作業も必要だ。不特定多数の見ている前で、感情的な対立が表面化すると、和解が困難になるからだ。

日本語で「根回し」と呼ばれるのはこの段階での作業だろう。「根回し」には、当事者たちの本音を探り当て、感情を害しないような言葉と身振りで説得できるスキルが必要になる。何のスキルもない人が、「根回し」を試みると、かえってもめ事を起こす恐れがある。「根回し」において、ごく一部の声の大きい人、金や権力のある人、たくさんのコネがある人だけが、極秘裏に（in private）特別な利益を得ているとすれば、それは、みんなが平等に発言権・決定権を持っている、という「民主主義」の前提に明らかに反するだろう。〝永田町と霞が関の癒着の政治〟の病理として長年批判されてきたのは、こうした不当な利益配分だろう。

不当な利益配分と結び付いているという疑いがつきまとうため、「根回し」は批判される。贈収賄かどうか曖昧な問題が浮上するたびに、不当な利益配分を隠蔽する「根回し」の政治を廃止し、決定すべき事項全てを公に（in public）して議論すべきだという論調が高まる。リクルート事件が発覚して、竹下内閣が退陣に追い込まれた八〇年代末から、次第にその傾向が強まっていった。二〇〇九年民主党政権が目玉にした、公開の場での「事業仕分け」は、そうしたトレンドを受けたものだろう。

しかし、細かな事情を知らなければ適切に判定できないような問題を、無理に公開の場での審議の対象にすると、聴衆ウケを狙った大仰な物言いや、既得権益者らしき存在に対する集中攻撃などが横行し、民主党政権が掲げていた「熟議」とはかけ離れたことになる。ほとんどの人間は、身内だけと過ごす日常（＝私的生活）において大なり小なり傍若無人《ぼうじゃくぶじん》に振る舞い、偏見に満ちたわがままな発言をしているものである。身内はそれをかなり許してくれる。

公的な場で議論するための準備が出来ていない人間が、そういう日常感覚の延長で、民主的な討論に加わろうとすると、互いに醜《みにく》いエゴを見せ合うことになり、熟議など成り立たなくなる。

「私的領域」と「公的領域」

二〇一八年の秋に、南青山に児童相談所を建設するという計画を港区が発表した時、地元のセレブたちが住民説明会で、「児童相談所が出来たら、地価が下がる」「治安上の不安がある」「南青山の生活水準を目の当たりにしたら、児童相談所に通ってくる子たちがコンプレックスを感じて、かえって可哀《かわい》そう」、などとエゴと偏見を丸出しにした発言をしたことが話題になった。

左の人たちは、「不当な特権意識を持っており、子供の人権がどれだけ重要か理解していない」と批判し、右の人たちは、「日本人としての公共心の喪失が嘆かわしい」と批判した。セレブとしての品格のない似非《えせ》セレブだと批判する人たちもいた。

しかし、住民説明会というのは、公的な討論会だろうか。発言の順序や議題を正確に決めた公聴会ならそうかもしれないが、単なる説明会で、誰に聞かれても恥ずかしくない理性的な発言をしなければならないのだろうか。事前の「根回し」なしに、地方行政の担当者から、「こういう計画があるのですが、どうお考えになりますか」、と初めて聞かされたら、脊髄反射的に思ったまま、我がままな発言をするのが普通ではないか。

住民説明会で我がままを言うのが適切かという問題はあるが、思ったままの我がままを言わせてもらう、privateな場は何らかの形で必要だろう。そうでないと、〝社会的に正しい結論〟を一方的に押し付けられることになる。

ほとんどの人間は私的領域における「我がままな自分」と公的領域における「よそ行きの自分」を使い分けて生きている。そうと分かっていても、やはり、「根回し」のような不透明なことはやめて、みんなが本音を言えばいい、洗いざらい本音を言い合うことで、集合知が生まれてくるのではないか、と考える人はいるだろう。

『一般意志2・0』（講談社、二〇一一）を執筆した当時の東浩紀氏のように、ネット上のビッグデータを活用して、みんなの〝本音〟を集計することで、社会にとって最も適切な解を導き出せると主張する人もいるだろう。

この問題について、思想史的に先駆的な議論をしたのがジャン＝ジャック・ルソー（一七一二―七八）である。ルソーは『社会契約論』（一七六二）で、人々の特殊（私的）意志の総計あるいは平均にすぎない「全体意志（みんなの意志）」と、その団体の存在目的に即した公的性格を持つ「一般意志」を区別したことで知られている。

例えば、大学の私の授業で、その日、出席している学生全員が今日はダルくて休講にしてほしいと本音で思っているとする。私も本音でそう感じているとする。だから、授業をやったふりをして、全員グルになってずる休みをしよう、ということになるのが「全体意志」である。それに対して、大学の存在目的に即してどうすべきか、公的な視点からの意見を求められたら、誰も（正気でいる限り）ズル休みすべき、とは言わないであろう。それが「一般意志」である。

ただ、その国家の基本方針を憲法や、民法や刑法のような基本法の形で制定しようという時には、何が国家にとって正しいのか、みんなの公的意見が一致するということは難しいだろう。そこでルソーは、とにかく全員に自分が正しいと思うことを、「根回し」なしに言わせることを考える。

ジャン＝ジャック・ルソー（1712−78）。政治哲学者、教育思想家。主な著作に『人間不平等起源論』もある。

「全体意志と一般意志のあいだには、時にはかなり相違があるものである。後者は、共通の利益だけをこころがける。前者は、私の利益をこころがける。それは、特殊意志の総和であるにすぎない。しかし、これらの特殊意志から、相殺しあう過不足をのぞくと、相違の総和として、一般意志がのこることになる。

（……）

人民が十分に情報をもって審議するとき、もし市民がお互いに意志を少しも伝えあわないなら［徒党をくむなどのことがなければ］、わずかの相違がたくさん集まって、つねに一般意志が結果し、その決議はつねによいものであるだろう。しかし、徒党、部分的団体が、大きい団体を犠牲にしてつくられるならば、これらの団体の各〻の意志は、その成員に関しては一般的で、国家に関しては特殊的なものになる」（桑原武夫・前川貞次郎訳『社会契約論』岩波文庫、四七頁）

ここでルソーが「お互いに意志を少しも伝えあわない」と言っているのは、グループ（徒党）内での事前の意見集約、すなわち「根回し」をしないということである。大きなグループ（利益団体）を作ってその中で「根回し」をすると、他の人たちを犠牲にして、そのグループに属するメンバーだけ得するような偏った意見が形成される。個々のメンバーは、国家全体の公共性を念頭においた独自の意見を持っていたとしても、「根回し」が進むうちに、それが自分自身の意見だと思い込むことになりがちだ。農協とか医師会、商工会議所、労働組合のようなものを念頭におけばいいだろう。

ルソーの「一般意志」と現実の「人間社会」

ルソーは「根回し」を一切なくして、みんなの意見を全てオープンにして議論すれば、各人の（公共性を志向する）意見が「一般意志」へと収斂《しゅうれん》していくと考えたのである。確かに正論だが、問題は、気ままな私生活を送っている普通の人たちが、我がままや先入観による思い付きではなく、国家（あるいは公共的政治体）全体にとっての「善」を意識した意見をきちんと表明できるのか、ということである。

人間は、自分が思っているほど理性的ではないし、公共的意識も高くない。南青山の児童相談所建設問題では、地価を気にする〝セレブ〟たちを、口汚く罵る匿名の〝ネット論客〟たちがたくさんいたが、彼らが日本の公共意識を代表して適切な意見を言っていたと思う人は、（本人たち以外）ほとんどいないだろう。

また、仮に冷静で公平な意見が複数出てきた時、それをどうやって相互に比較し、集約するのか。誰かがまとめるしかない。その人は信用できるのか、どうやったら信用できる人だと分かるのか。「一般意志2・0」的に考えれば、現代においては、集計のためのプログラムを使えばいいということになろうが、誰がそのプログラムを作るのか、という問題が出てくるので、結局、問題を先送りにするだけになる。ルソー自身は、人々に、「一般意志」の表現としての「法」を与えるには、神々が必要であろう、と述べている。

ハンナ・アーレントは『革命について』(一九六三)で、「公的領域」における仮面(persona)をかぶった自己と、「私的領域」におけるありのままの自己の差をなくし、むき出しの本音のむき出しの本音に基づく〝政治〟の危険性を指摘している。自分たち(多数派)の感情に適合する意見だけを、普遍的な人間性に適った意見として是認し、感情的に反発する意見を、耳を傾けることなく、全否定するのが当たり前になり、全ての人が同じ価値観を持つ全体主義社会を求める風潮を生み出すからである。

全ての人が理性的な議論の作法を身に付けることができないとすれば、「根回し」による事前調整は必要だ。それが、不当な利益配分に繫がらないのであれば、一概に「根回し」を否定すべきではない。

森元首相は、自分がよく知っている分野の人に働きかけ、事前合意を得るのはうまいのかもしれないが、ごく少人数の(=プライベートな)サークルでのウケ狙いの発言と同じ言葉遣いで、公開の場でもしゃべってしまう傾向が強いようだ。つまり、「公／私」の使い分けが下手なわけであり、その点で、「根回し」上手とは言えない。表に出てはいけない私的感情や偏見を不注意で表に出してしまったら、「根」で回すことにはならない。

こういう風にまとめると、〝差別的な本音〟を公の眼から隠して温存すべきと言うつもりか、と怒る人がいるかもしれない。確かに、各種の不平等や対立を生み出す、お互いの差別意識をなるべく除去するために議論することは重要である。

しかし、「私的領域」に潜んでいる感情を無理やりに表に引き出し、〝差別的な本音〟の持主を糾弾して、性格改造を迫れば、アーレントが危惧している通りになる。人間の心には、表に出さない方がいいものがたくさん潜んでいることを前提に、いかにそれを制御して、公共の場での熟議を形のうえだけでも成立させようとするのであれば、「根回し」は必要だ。

第6章
「コロナ禍」と「強制する社会」という災厄

1

「コロナ禍」はなぜ全体主義を呼び寄せたのか？

「民主主義」を無邪気に信じ込む人たち

「全体主義」という言葉を知っている人は、この言葉で形容される政治体制についてあまりいいイメージを持っていないだろう。個人の「自由」を認めず、「民主主義」を否定する、悪しき体制と理解している人が少なくなかろう。

しかし、本当にそうだろうか？

ベンサムの功利主義をより穏健な形に修正し、広く普及させることに貢献した経済・社会思想家ジョン・スチュアート・ミルは、近代政治哲学の最も重要な古典とされる『自由論』で、民主化された社会における「多数派の専制 Tyranny of the Majority」の危険を指摘している。「多数派の専制」とは文字通り、その社会で多数派を占める人たちが、自分たちの考え方を、少数派に一方的に押し付けることだ。少数派の考え方、行動の自由は無視される。

封建制や専制君主制を打倒するための市民たちの闘争が行なわれていた時代には、世襲的な支配者、ごく一部の特権階層が「敵」だったので、民衆は互いに「味方」であり、〝自分たち多数派〞が支配する「民主主義」になれば、理性的な統治が行われ、各人が「自由」になれる、と信じることができた。

無能な世襲君主による独断的な判断より、圧倒的多数の民衆が知恵を出し合って生まれた見解の方が、理性的に洗練されて正しいはずであり、宮廷の中でふんぞり返っている君主と違って、民衆はお互いのことをよく分かっているので、各人の事情に応じた生き方を尊重できるはず、と無邪気に信じることができた。

「民主主義」の敵は「少数派」

しかし、「民主主義」が成立し、みんなで話し合ったうえで、政治の方向性を決定するようになると、一般民衆の間にも様々な価値観やライフスタイルの違いがあり、いくら話し合いを続けても、〝みんな〟の意見が完全に一致するのは不可能であることが次第に露呈してきた。

宗教的な紛争の解決は当事者同士に任せ、政府は関与すべきではないのか？

経済的不平等を解消することは国家の目標か、それとも各人の経済的活動の自由を尊重すべきか？

避妊・中絶や同性愛をめぐる問題は、個人の自己決定に委ねるべきか？

こうした話し合いではなかなか決着がつきそうにない問題が多数浮上してきて、それらをめぐって延々と議論が続くと、何も決定することができず、政治は進まなくなる。

にもかかわらず、多くの人が「民主主義」に過剰な期待を抱き続け、〝民衆である我々〟の判断は常に正しい、という前提に固執するとおかしなことが起こってくる。

〝民衆の我々〟の〝理性的な説得〟に耳を傾けようとしない者たちは、何らかの原因で理性が曇《くも》らされている者たちと見なして、強制的に目を覚まさせるべきと考えるようになる。場合によっては、〝民主主義の敵〟であると見なし、暴力的に排除しようとするようになる。

そのように自己の正しさを確信した〝多数派〟による〝専制〟は、専制君主による専制よりも危険である。専制君主は圧力を加えられたら、自分の判断の正しさに自信を失うこともあるが、多数派は自分たちが〝多数派〟である限り、自分の〝正しさ〟を疑う必要はない。反対意見が増えて、〝多数派〟から転落しそうになった時には、〝民主主義の敵〟を抹殺して、〝多数派〟の地位を保つことができる。

〝多数派の過ち〟は誰が責任を取るのか？

また、専制君主やその側近は、革命によって権力を失った時、どういう目に遭うか分からないので、それなりに自分たちの決定の帰結に関心を持つ。

しかし、「民主主義」の主人である〝多数派〟は、誰からも責任を問われ、糾弾されることはない。言葉の定義からして、〝多数派〟より〝多数〟の勢力は、存在しない。従って、〝多数派〟自身が〝自己反省〟しない限り、〝多数派の過《あやま》ち〟が認められることはない。

しかし、どうやって〝多数派〟は〝自

エドマンド・バーク（1729-97）。政治思想家、哲学者、政治家。「保守思想の父」として知られる。

アレクシ・ド・トクヴィル（1805－59）。19世紀フランスを代表する政治思想家、歴史家、保守主義者。

己反省〟するのか？

　また、〝多数派〟が自分の過ちの責めを負うというのは、具体的にどういうことか？

「みんなでやってしまった」ことだということになって、責任の所在は曖昧になり、誰も実質的なペナルティを負わないことになるのではないか。

　こうした「民主主義」に秘められた危険は、近代の保守主義の元祖とされるエドマンド・バーク（一七二九―九七）が既に『フランス革命の省察』（一七九〇）で、フランス革命において既に指摘していたし、ミルと同時代のフランスの政治家で政治思想家のアレクシ・ド・トクヴィル（一八〇九―五九）は『アメリカの民主主義』（一八三五、四〇）で、アメリカにおける草の根民主主義の定着を称賛しながら、自らの政治的実践に対するアメリカ人たちの過信の内に、「多数派の専制」の萌芽《ほうが》があるのではないか、と危惧の念を示している。フランスの小説家で自由主義思想家のバンジャマン・コンスタン（一七六七―一八三〇）は、フランス革命の恐怖政治のような事態を回避するには、各個人が他者から干渉されないで生きる自由を認め、それを保証する立憲体制を構築する必要があることを主張した。

「多数派の専制」を防ぐための考え方とは

バンジャマン・コンスタン（1767－1830）。小説家。心理主義小説の先駆け。自由主義思想家でも知られる。

これらの先行する議論や、一九世紀半ばのヨーロッパにおける議会制民主主義や革命に人々が熱狂している状況を考慮に入れ、ミルは「多数派の専制」を防ぐため、二つの原則を提案した。

一つは、その人の行為が他人に対して具体的な危害を及ぼす可能性がない限り、いかなる他人も当該行為に干渉してはならないとする「他者危害原理」。

例えば、自分の意志で他人の手を借り

ないで自殺することや、離島など完全に他から隔離された場所で薬物の吸引や暴飲暴食あるいは断食などによって体を壊すことは、他人に具体的な危害を及ぼさないので、法によってそれを禁止する正当な理由はないことになる。「他者危害原理」は、自己決定して良いことの範囲をめぐる議論でしばしば援用される。

もう一つは、「思想の自由市場論」と呼ばれるものである。自由な商取引を通じて、商品の質や生産方法が改善していくように、様々な意見が公共の場で自由に行きかう状態を作り出し、(どこに向かって行くか予測がつかない)人類の精神的発展を促す、ということである。人は、自分とは異なる意見に常に接しないと、自分の意見が真理だと思い込んで、吟味しなくなってしまう。たとえ結果的に相手の意見が間違っていたとしても、その意見と戦うことを通して、どうして自分の意見が正しいと言えるのか再考し、理解を深めるきっかけにはなる。双方の意見がそれぞれ真理の異なった側面を表現しているとすれば、二つを突き合わせることを通じて真理の全体像が見えてくる。資本主義を擁護する人と、社会主義を擁護する人が討論することで、双方の長所短所が見え、経済に対する見方が深まっていく、といった具合に。

なぜ大衆は「強いリーダー」を求めてしまうのか？

こうした考え方は、自由民主主義を掲げる西欧諸国の国家体制の前提になっていった。では、西欧諸国は、「多数派の専制」を防ぐことはできたのか？

無論、答えはノーである。

第一次大戦後のドイツは、当時世界で最も民主的な憲法とされるワイマール憲法を採択した。この憲法では、人身の自由、信仰・良心の自由、結社の自由、意見表明の自由、経済活動の自由など、（多数決によっても奪うことができない）基本的な自由権が詳細に規定された。

しかし、ワイマール共和国は、第一次大戦の戦勝国に対する多額の賠償金と、その支払いをめぐる隣国との紛争、世界恐慌、極右極左勢力による暴力革命の試みなど、多くの不安定要因を抱えていた。そして、民主的な選挙によってナチスが第一党になり、党首ヒトラーが首相に就任した。ヒトラーは、国家非常事態を収拾するための憲法の諸規定をうまく利用して、自分に権限を集中させていった。ごく短期間で、ヒトラーをドイツ民族の真の意志を具現する「指導者」とする「全体主義」体制が成立した。

『全体主義の起原』（一九五一）を著した、ユダヤ系ドイツ人の政治哲学者ハンナ・アーレ

エーリヒ・フロム（1900－80）。社会心理学者、精神分析家、哲学者。他著作に『愛するということ』がある。

ント（一九〇六－七五）によれば、「全体主義」は、伝統的な社会構造が解体していくなか、根無し草になった大衆が、自分たちの運命と世界の行く末を示してくれる強い力に自発的に同化していくことを通して生じる。

同じくユダヤ系ドイツ人で心理学者・精神分析家のエーリヒ・フロム（一九〇〇－八〇）は、全体主義のメカニズムを社会心理学・社会史的に論じた『自由からの逃走』（一九四一）で、その裏面として、何でも自分で決定しなければならないことを意味する「自由」は、多くの人にとって重荷であり、社会不安が募ってくると、自由を〝自発的〟に放棄し、強い力を持つ「権威」に従う傾向が前面に出てくることを指摘した――アーレントについては拙著『悪と全体主義――ハンナ・アーレントから考える』（NHK出版新書、二〇一八）、フロムについては同じく拙著『人はなぜ「自由」から逃走するのか――エーリヒ・フロムとともに考える』（KKベストセラーズ、二〇二〇）を参照。

全体主義のメカニズムが働き始めると、人は、個人の自由よりも、強い力の下での安定と導きを求めるようになる。安心をもたらしてくれる「力」の発動を妨害する反対意見には耳を貸さないどころか、障害物としてさっさと排除したくなる。普段、ミルの二つの原理の重要性を説くリベラルな人たちも、自由よりも「力」による安定を求めるようになる。

「コロナ禍」が導く全体主義の足音

コロナ禍によって、日本でもそうした風潮が生まれている。リベラル・人権派であったはずの人たちが、市民の基本的権利の制限を意味する「緊急事態宣言」やロックダウンを待望し、その決断を渋る政府首脳を無能呼ばわりし、反対する人たちを人殺し扱いする。八月に入ってからも、緊急事態の再発出を要求する政治家や医師会幹部を英雄視して、決断できない政府を責める論調が続いている。

それに呼応するように、経済を回すことを主張する人たちの側にも、〝人命最重視派〟を、日本経済を破壊する偽善者と見なして攻撃する傾向が強まっている。

「コロナ」問題は人々の不安を募らせ、ミルの二大原理を侵食しつつある。

次節は、コロナと他者危害原理の関係について分析する。

2

病気をうつすことは「罪」なのか?

自由な社会が成り立つための前提とは

ジョン・スチュアート・ミルは『自由論』で、他人の行動に干渉してよいのは、その行動が周囲の人に危害を及ぼす可能性がある場合だけだ、と主張した。他者危害原理と呼ばれるこの考え方は、近代自由主義の基礎になった。

法や政治は、どのような崇高な理念を挙げるものであれ、何らかの形で個人の自由を制約する。道路交通法は、自動車や自転車の運転の自由を制限する。建築基準法は建物を建てる自由を制限する。刑法は社会的に許されない諸々の行為をリストアップする。これらの法律が正当化されるのは、他者に危害を加えることを防止するためである。

逆に言えば、他者に危害を加える可能性がない行為の領域においては、各人は全面的に自由である。

「自由の名に値する唯一の自由は、我々が他人の幸福を奪い取ろうとせず、また幸福を得ようとする他人の努力を妨害しない限り、自分自身の幸福を自分自身のやり方で追求する自由である」

このミルの定式は、日本国憲法で「幸福追求権」と呼ばれているものの標準的定義である。互いに相手の幸福追求に干渉する必要のない、私的（private）な領域が確保されていることが、自由な社会が成り立つための前提である。

他者に対する「危害」とは何か？

問題は、他者に対する「危害」をどのように規定するかである。

例えば、社会の「善良な風俗」を害するような行為を、他者に対する危害と考えるべきか。ミルはそうした行為が公然と（publicly）なされるとすれば、犯罪として取り締まることに正当性があるかもしれないと述べているが、「善良な風俗」というのはかなり曖昧な観念である。

例えば、排せつ物など近寄ったら悪臭のする不潔な物や、殺戮《さつりく》や拷問《ごうもん》などの場面を示す写真や絵画・彫刻を、公衆がうっかり目にしてしまう場所に展示すれば、それによって苦痛を覚え、気分が悪くなる人が少なくないので、「善良な風俗の侵害」であり、他者危害原理にひっかかると考える人は少なくないだろう。

無論、全然平気だという人もいないわけではないし、そうしたモノを公共の場に展示することをコンセプトとする前衛芸術もあるので、100%確実に他者危害原理違反と言えるわけではない。

では、ポルノなどのいわゆる猥褻《わいせつ》な映像・画像などの場合はどうだろう。不潔なものと同じように考えることもできそうだが、それを見ることでかえって快楽を得る人も――本音としてはかなり――多いので、苦痛の総量が増加したことをもって、「善良な風俗の侵害」と考えるのは難しい。多くの自由主義的国家では、女性を中心に強い不快感を覚える人が一定数いることや、成長途上にある子供にどのような影響を与えるか分からないなどの理由から、公共の場所での展示に法的制約をかけることが多い。

では、ごく私的なサークル――あるいは、メンバーが限定されているという意味で「私的」なネット上のサークル――でのライブセックス・ショーとか、売春のような行為についてはどうか。

「私的なサークル」は、ミルの定義によれば、自己決定権を最大限に行使できるはずの領域だ。そこに、公共の場での猥褻物規制と同じ種類の理由で規制をかけることは、「他者危害原理」の観点から正当化できるのか？　自分と同じ社会にそういう卑猥《ひわい》な行為を行なっている人がいると思うこと自体が苦痛だという人もいるだろう。世論調査をすれば、そういう意見が過半数を占めるかもしれない。

直接的危害と間接的危害

アメリカの代表的なリベラル系の法哲学者ロナルド・ドウォーキン（一九三一－二〇一三）は論文「私たちにポルノの権利はあるのか」で、他者危害原理をそのように拡大解釈するのであれば、神を冒瀆《ぼうとく》する耐え難い邪教を――私的領域において――信奉しているという口実で、少数派の宗教を弾圧することと区別できるのか、という問いを発している。これはかなり難しい問いである。ポルノと〝マイナーな宗教〟を、具体的な害の面で客観的に区別しようとすれば、様々な心理・社会学的なデータが必要になりそうだが、そういう調査自体が「プライバシー」の侵害になりかねない。

「危害」の定義をめぐる、これと密接に絡んだもう一つの問題点として、間接的危害をど

ロナルド・ドウォーキン（1931－2013）。法哲学者。
「純一性としての法 'law as integrity'」理論を主導。

こまで含めるのか、ということがある。殺人・傷害、強盗などは、相手の生命や身体に直接的危害を加えるので、これらを他者危害原理の対象にすることにはほとんど異論がないだろう。

　では、人を殺傷できる機械や道具を製造したり、提供したりする行為についてはどうか。銃刀法などで規制されている部分もあるが、技術の発展によって何にどのように手を加えると、〝危険な武器〟として転用できるか完全に把握することはできないので、明確な線は引きにくい。

　財産権やプライバシー権の侵害をめぐる問題については、更に線引きが難しい。二〇〇四年にファイル交換ソフトWinnyの開発者が著作権侵害行為を幇助《ほうじょ》したという容疑で逮捕される、という事件が起こったが、こうした間接的に他者危害に〝関わってしまう〟ケースは近年増加している。ネット上で名誉毀損や業務妨害をやっている人間を、そうとは知らずに褒《ほ》めて、調子に乗らせてしまうようなことについてはどう考えるべきか？　その人の行為と、結果的に生じた危害の間に距離があり、はっきりした因果的な関係が認められないと、意図的に関与したのかどうか判定しにくい。

コロナ患者を罪人扱いする社会とは

コロナ問題は、こうした危害をめぐる自由民主主義のジレンマを、ある意味、簡単に〝解決〟してしまった。緊急事態宣言の再発出や欧米並のロックダウンを強く要求する人たちに言わせれば、コロナを他人にうつすのは殺人に等しい。

マスクをし、ソーシャル・ディスタンスをキープし、リモートワークや時差出勤に積極的に取り組んで、他人にうつさないよう最大限の努力をするのはいわずもがなで、〝不注意〟で感染してしまったこと自体が責められる。PCR検査で感染したと判明した人の名前が知られると、その人が感染者に安易に近付いていないか、バーやカラオケ、ライブハウスに出入りしていなかったか、感染拡大地帯に旅行していなかったかなどが取り沙汰される。

東京や大阪など大都市から来ることは遠慮してほしいと、地方行政のトップである知事や市長が呼びかけ、大都市ナンバーの車を見ると、人殺し、恥知らずと罵られる。それまで感染者があまりいなかった地域で、大都市から移動して来た人、あるいはその濃厚接触者が〝感染源〟になれば、本人がどういう行動を取っていたかにかかわらず、罪人扱いされる。まるで、「穢れ」だ。

前近代社会では、ハンセン病患者等が神から呪われた存在、穢れた存在として、社会から排除されることがあったが、近代の臨床医学が発展するようになってから、穢れのような神話的な観念は次第に排除され、病人が罪人扱いされることはなくなった。

感染症の原因は、細菌やウィルスであって、本人の瀆神行為ではない以上、感染した人が責められていいはずがない。健康上の不注意について多少、上司や先生、身内から叱られる程度であった。風邪やインフルエンザを他人にうつしてしまったからといって、社会全体から非難の対象にされるというようなことはほとんどなかった。ＡＩＤＳのように深刻な症状をもたらすものでも、少なくとも現在の新型コロナの場合ほど、〝感染源〟が激しく追及・糾弾されるようなことはなかった。

「感染を罪悪視すること」と「プライベートに干渉すること」

私の務める金沢大学の国際基幹教育院（教養部）では、東京、大阪、愛知、静岡など、感染拡大地域を訪問した学生は、二週間の登校〝自粛〟を強制される。陽性反応者の濃厚接触者ではなく、本人に典型的なコロナの症状が出ていない、としてもである。対面での試験を受ける予定であれば、当然受けられなくなり、教員は代替措置を講じなければならない。

私もそういう面倒なケースに遭遇した。〝自粛〟強制を決定した教育院は、それが学生のためだという建前を取っているが、学生のためを本当に思っているのなら、どうして自粛を強制する前に、大学病院でPCR検査を受けさせ、安心させてやろうとしないのか？ 教育院の院長は医師・医学研究者である。感染地に行けば、とにかく二週間隔離というのは、まるで「禊《みそ》ぎ」だ。実際には、感染が起こった時に責任を取りたくないし、検査のための金もかけたくないだけなのだろうが、問答無用で、隔離の儀式への参加を強制されると、「禊ぎ」をやっているような気になる。

問題は、本人の行動や体調との因果関係と関係なく、感染を罪悪視するだけに留まらない。二〇二〇年七月に入って家庭内感染が拡がっていると伝えられるようになってから、知事たちが家庭内でも距離を取ってほしいと要請し、マスコミもそれをあまり疑問視することなく報道するようになった。

これは、プライベートな領域への政治的干渉である。無論、深刻なDVや児童虐待のような、犯罪に相当する場合は、プライベートな領域であっても公権力は干渉する。ミル的な自由主義者も、そうした干渉は他者危害原理違反とは言わないだろう。

しかし、感染の危険があるからといって、家の中での〝正しい振る舞い方〟を政治的に指導するというのは、どうだろうか。感染しないよう、家族や恋人とも距離を取るべきというのを厳密にすれば、物心がつかない乳幼児の体に触れてはならないし、セックスなどもってのほか、ということになるだろう。

ペストや結核、エボラ出血熱のように、感染したらはっきりした症状が出て、高い確率で亡くなる感染症であれば、緊急性があるゆえの例外と認めてよいかもしれないが、風邪やインフルエンザで、いちいちプライベートに介入するとすれば異様である。自己決定の領域はなくなってしまう。知事や専門家がそうすべきだと言えば、そうした「自由」の本質に関わる問題についていったん立ち止まって考えることなく、あっさり受け入れる人が増えている。それは、フロムが警告を発していた状況、生に対する不安ゆえの、自由からの逃走ではないか。

3 「ニューノーマル」を強制する社会とその臨界点

「ニューノーマル」という新しいビジネス

二〇二〇年五月末に緊急事態宣言が終了した前後から、コロナに関連して、「新しい日常」とか「新しい生活様式」、あるいは、「ニューノーマル」といった言葉を聞くようになった。時代の最先端の生き方であり、私たちの意識改革を促しているかのように語られる。経済・経営評論家の中には、海外の取り組みを紹介しながら、それが新しいビジネス・チャンスに繋がることを示唆する人がいる。スキゾ・キッズ、スローライフ、ノマド、ミニマリスト等と同じ様なノリで。

確かに新型コロナのおかげで、ZoomやWebex、Discordなどを利用したオンライン会議や授業が急速に普及しており、ネットを介した分業化・在宅勤務も進んでおり、通販サービスの利用機会も増えている。これをチャンスにして、大きく成長できる分野は確かに存在する。

しかし、従来のスローライフなどのトレンドと、「新しい生活様式」の間には決定的な違いがある。これまでのトレンドは、生活様式が多様化し、個人の選択の余地が増えることを含意していたが、「新しい生活様式」は、各人が受け入れるべき義務である。

人と人が接触する機会を減らさ「ねばならない」、人と人の距離を広げ「ねばならない」、同じ物に触れないようにし「なければならない」ことが前提なので、できることは自《おの》ずからかなり限定される。これらの「ねばならない」を実現するには、いずれにしても広いスペースが必要である。スペースの余裕がなかったら、同時に利用できる人数を制限するしかない。日本のように狭い国土だと、各人が一日のうち、公共空間で活動する時間を減らすことになる。

更に言えば、現在、「新しい生活様式」の目に見える特徴になっているのは、フェイスシールドや飲食店の仕切り版など、各種のプラスチック製のシールドだ。「新しい生活様式」が拡充するにしたがって、新しいタイプのシールド素材や製品が開発されるかもしれないが、それを新しい成長のチャンスと見るべきなのか？

高齢化に伴う介護のニーズの増加が新しい経済成長のチャンスだと言われても、無理な〝ポジティヴ・シンキング〟と感じる人は少なくなかろう。全ての人の行動範囲を縮小することを余儀なくさせる、「新しい生活様式」をポジティヴに捉えることは、それより遥かに無理筋であるように思える。

人間同士あるいは人間とモノが直接接触するのを防止するために、プラスチック状の新素材をあちこちに張りめぐらし、人の動きを高度のＩＴ技術で管理するというのは、ＳＦによくある光景である。その種のＳＦは、人々が完全に健康であり続けることやリスクがないことを求めすぎて、生命維持をＡＩや〝全能の指導者〟に委ねることから、非人間的なシステムが出来上がり、自由を失ってしまう、最終的には、自由を失っている、という意識さえなくなってしまう、という設定だ。

人と接触する自由の代償として何があるのか？

こうしたイメージの草分けになったのは、オルダス・ハクスリー（一八九四―一九六三）の小説『すばらしい新世界』（一九三二）である。この世界では、人間が培養瓶の中で選別的に「製造」され、階級ごとに体型も知能も決定され、あらゆる予防接種を受けるため病気にかかることはなく、六〇歳前後で死ぬまでずっと若いままである。瓶の中で製造される人たちに家族はいない。

映画『マトリックス』（一九九九）は、苦痛やリスクの原因となる身体の活動を完全に停止させ、ヴァーチャルな世界で代用するという設定だ。プライバシー込みで自分の身体の管理権を失うことと引き換えに、「安全」が得られる。

「ニューノーマル」は、人と接触する自由の代償として、何を与えてくれるのか？

近代社会がいかなる逸脱（アブノーマル）も認めない「ノーマル」な状態を求めすぎるあまり、各人が行動の自由を失い、管理されることを不自由と思わなくなる現象を、最も先鋭に描き出したのは、フランスの哲学者ミシェル・フーコー（一九二六―八四）だ。フーコーによれば、前近代的権力が軍隊や警察などの暴力装置の威力を人々に見せつけ、死の恐怖によって支配していたのに対し、近代の権力は、人間としての「普通な生き方」のモデルを示し、人々がそれに〝自発的〟に従うよう誘導する。

異常（abnormal）になることを回避し、あくまで「普通（normal）である」ことが、道徳的な規範（norm）になった。病人ではなく健康であること、狂人ではなく正気であること、各種の性的逸脱・倒錯者ではなくノーマルな異性愛者であること、犯罪者体質ではなく善良な市民であること……。

こうした「普通さ＝規範」を確立するうえで、近代的な権力は医学や心理学、社会学などの知識を利用してきた。どういう状態にあるのがヒトとして〝普通〟であるのか科学的に〝証明〟してみせることで、人々が政府などの公的機関や大企業などが示す「規範」を無理なく受け入れるようにするのである。

実際、私たちは入学や入社に際し健康診断を受けて、心身ともに健全であることを証明してもらっている。メタボ検診やストレス・チェックなどを定期的に受けることも、本人や家族のためだけでなく、将来、会社や国の重荷にならないために、受け入れるべき自然な義務になりつつある。

ミシェル・フーコー（1926−84）。哲学者、思想史家、政治活動家、文芸評論家。主な著作に『狂気の歴史』『監獄の誕生』『性の歴史』など。

疫学者が、飲食店の時短営業やイベント自粛、時差出勤は、新型コロナの感染を○○パーセント抑える効果があると言えば、それに自発的に従うのが、人として当然と見なされる。そうした〝従順さ〟に疑問を呈すると、「人としておかしい」、と言われる。

オーウェルが描いた「超監視社会」の先駆けアプリ

フーコーは、人々の生き方を画一的・効率的に管理することを目標とする政治の在り方を、「生《せい》政治 biopolitique」と呼ぶ。「生政治」には二つの側面がある。

人々の年齢構成や職業、収入、家族構成、健康状態などを数理的に把握し、各数値を適正水準に保つために、医療・教育・労働政策などを展開する「生権力」としての側面。統計学や社会調査は、そのための有力なツールになる。

もう一つは、学校や工場、病院・精神病院、刑務所などの施設に人々を収容し、個々人の行動を監視して、逸脱した振る舞いを記録し、身体的な訓練を通してそれを矯正する「規律権力」としての側面。功利主義の哲学者ジェレミ・ベンサム（一七四八－一八三二）は、建築上の構造を利用して、独房の中の囚人たちにいつ看守に見られているか分からないという意識を植え付け、〝自発的〟に行動を矯正させるよう仕向けることで、効率的に運営される「パノプティコン」という理想的な監獄システムを提案した。フーコーはこれこそが、「規律権力」の根底にある思想だと指摘する。

超監視社会を描いたジョージ・オーウェル（一九〇三－五〇）の小説『一九八四』（一九四九）

では、「ビッグ・ブラザーがあなたを見ている」という印象的なフレーズが使われているが、これは、「いつ見られているか分からない」という意識が、社会全体を覆《おお》い尽くした状態だと見ることができる。

携帯電話のアプリを通して各人の行動が常にチェック可能な状態に置かれれば、「ビッグ・ブラザー」が活動しやすくなる。一般市民同士がマスクをしない人、都会から地方へ移動する人、激しく咳《せき》をしている人、歓楽街を歩いている人、感染の可能性のある人をチェックし、自粛を押し付けるのは、ビッグ・ブラザーの具現である。

フーコーは、こうした「生権力」が生まれてきた背景に、感染病対策の変遷があったと指摘する。前近代社会での感染病対策のモデルは、ハンセン病者の隔離である。ハンセン病にかかった人たちは、穢れを負う者たちとして共同体から排除された。

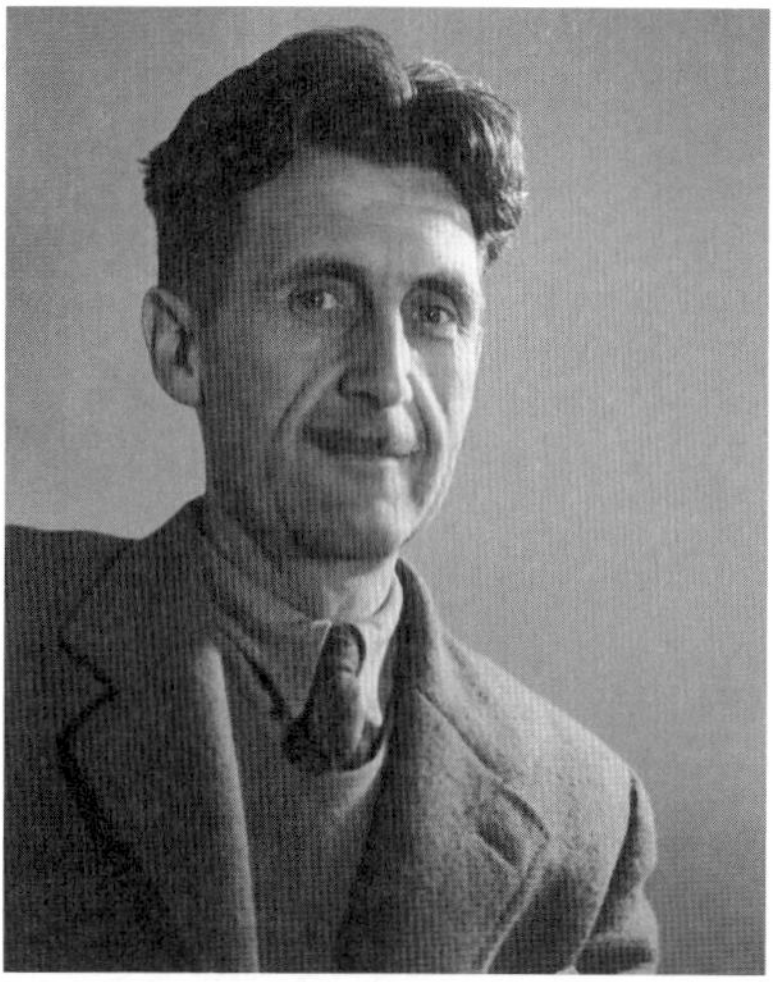

ジョージ・オーウェル（1903―50）。作家、ジャーナリスト。全体主義国家の本質や残酷さを描いた『1984年』がある。

ペスト大流行時の潜在的な「敵」とは

近代初期における感染病対策のモデルになったのは、ペストの封じ込めである。ペストのように感染力が強い感染症の場合、感染の疑いがある人を全て都市の外に追い出したり、抹殺したりするわけにはいかない。そこで、感染が拡大していると思われるエリアを封鎖して、人の出入りを制限した。そのうえで、そこに暮らす住民の家族構成や健康状態を細かくチェックするようになった。それを通して、人々を「人口」として統計的に把握・管理する「生権力」的な手法と、個々人の動向を細かくチェックする「規律権力」的な手法が発達した。

加えて、一三四七年のペスト大流行の際に、ヴェネチアなどのイタリアの都市国家を中心に、国境線上で人の移動をコントロールし、感染の疑いがある者を一定の期間隔離する「検疫」という制度が発達した。これは国家同士、国民同士の間の線引きを重視する、近代的な主権国家概念の確立に繋がった。「普通」の暮らしを送ってきた同胞たち（「友」）の間に、外から疫病をもたらす（かもしれない）異国人は、潜在的な「敵」と見なされる。

「生政治」の完成をもたらしたのは、天然痘《てんねんとう》モデルである。天然痘対策としての種痘を通して、統計学的な知見に基づいて、どのような年齢層に対して実施すれば、最も効率的か計算したうえで、それを受けることを国民に義務付けるのが当たり前になった。「命を守るため」と言われれば、強制的なワクチン接種は、国民の心身の自由に対する侵害とは受けとめられない。いちいち文句を言う輩は「異常」だということになる。

ナチスは健康を過剰に奨励する帝国だった

「生政治」は、「ノーマル」なものに対する感覚を広く人々に共有させ、価値観やライフスタイルを画一化するので、多数派による支配である「民主主義」と相性がいい。民主的多数派の支持によって成立するナチスのような全体主義体制とも相性がいい。

ナチスは、西欧的自由主義を堕落した思想として蔑視し、国民の自由権的基本権を軽視したが、その一方で、本来のゲルマン的な健康な身体を守るため、過剰な健康対策を行なったことで知られている。ユダヤ人や障碍者、同性愛者などの血がドイツ民族のそれと交わらないよう排除しただけでなく、禁煙運動、食生活改善運動、ガン撲滅運動、性病撲滅運動にも力を入れた。ナチスを健康帝国と捉える研究者もいる。

フロムによれば、危機からの救いを求め、人々が神に代わる、全能の「権威」を求めることによって「全体主義」は可能になる。近代社会は、神を放逐《ほうちく》し、宗教によって裏打ちされた古いヒエラルキーを解体することによって誕生した。しかし、ペストやコロナのような、どこに潜んでいるのか分からない異物によって社会全体の安全が脅かされる時、人々は、科学的な装いをした新しい権威を求める。ナチスは（疑似）科学的な世界観によって人々に、健康な身体を与えてくれるユートピアを約束した。「ニューノーマル」は、どのような「権威」あるいは「権力」と結び付き、どのような「ノーマルさ」の感覚を生み出すのだろうか？

あとがき

最近ある新聞から頼まれて、ヤコブ・ムシャンガマの『「ソクラテスからSNS」言論の自由」全史　ソクラテスからSNSまで』(夏目大訳、早川書房、二〇二四)を書評した。最古メソポタミアやエジプトから始まって、ソクラテス、ミルトン、ブラックストン、フランクリン、ジェファーソン、ミル、オーウェルなどを経て、現代に至るまでの言論の自由をめぐる闘いの歴史がうまくまとめられていて、学術的な意味で興味深いが、それ以上に印象に残ったのが、自由主義や民主主義を否定する暴力的言論に対抗するのに、その言論を法的に禁じてはならない、という一貫した主張だ。これはそう簡単な話ではない。

市民社会に生きるほとんどの現代人は、「言論の自由」が自由な社会の基礎である、ということに同意するだろう。しかし、(自分たちから見て)「自由な社会を破壊しようとしている人たち」にも、他の市民と同じだけの「言論の自由」を与えるべきか、と改めて聞くと、「う〜ん……」と答えに詰まってしまう人が多いのではないだろうか。なかには、「あれだけ害をまき散らすウヨク（サヨク）に言論の自由なんて必要ない。連中自身が言論の自由を否定しているじゃないか」、と真顔で叫ぶ人もいるだろう。

私もネット上で話の通じない連中に絡まれ、一方的に悪口を言いふらされると、こんな悪意の塊のような連中を一気にデリートできるような法律を誰か作ってくれないか、と思うことがしばしばある。しかし、そう思った後で、そういう法律が出来たら、どんどん拡大解釈されて全体主義になっていくんだろうなあ、と反省する。社会から〝悪意の塊〟を外科手術的にきれいに切除する方法などない。ムシャンガマの本は、そのことを歴史によって証明しようとしている。

大学では一応政治思想史を教えている。ロックの『寛容に関する書簡』とかミルの『自由論』は、政治思想史の重要なテクストなので、授業では必ず取り上げるが、正直言って、当たり前の話すぎて、そんなに面白くない。法学類（部）の授業という設定上あまり本格的に取り上げられないが、標準的な自由民主主義の視野に入ってこない、ダークな部分を扱うフーコーやデリダ、ムフなどの議論の方がずっと説明しがいがある。

しかし、新型コロナとか統一教会問題のようなことがあり、周りの人間関係がぎすぎすし、どこに〝敵〟が潜んでいるか分からないような状況に置かれると、信教の自由、思想・信条の自由、表現の自由、寛容などの重要さを改めて認識させられる。これらは、基本的原理としては単純だが、具体的状況に即して効果的に適用するのは難しい。考えることはたくさんある。

二〇二四年七月　金沢市角間町にて

仲正昌樹

［著者紹介］

仲正昌樹

なかまさ・まさき

1963年、広島県生まれ。東京大学総合文化研究科地域文化研究専攻博士課程修了（学術博士）。現在、金沢大学法学類教授。専門は、法哲学、政治思想史、ドイツ文学。古典を最も分かりやすく読み解くことで定評がある。また、近年は『Pure Nation』（あごうさとし構成・演出）でドラマトゥルクを担当し、自ら役者を演じるなど、現代思想の芸術への応用の試みにも関わっている。最近の主な著書に、『現代哲学の最前線』『悪と全体主義――ハンナ・アーレントから考える』（NHK出版新書）、『ヘーゲルを超えるヘーゲル』『ハイデガー哲学入門――『存在と時間』を読む』（講談社現代新書）、『現代思想の名著30』（ちくま新書）、『マルクス入門講義』『ドゥルーズ+ガタリ〈アンチ・オイディプス〉入門講義』『ハンナ・アーレント「人間の条件」入門講義』『ニーチェ入門講義』『哲学者カフカ入門講義』（作品社）、『人はなぜ「自由」から逃走するのか――エーリヒ・フロムとともに考える』（KKベストセラーズ）ほか多数。

ネットリンチが
当《あ》たり前《まえ》の社会《しゃかい》はどうなるか?

2024年10月5日　初版第1刷発行

著者
仲正昌樹《なかまさまさき》

発行者
鈴木康成

発行所
株式会社ベストセラーズ
〒112-0013 東京都文京区音羽1-15-15 シティ音羽2階
電話 03-6304-1832(編集) 03-6304-1603(営業)
https://www.bestsellers.co.jp

印刷製本
錦明印刷

D T P
三協美術

装幀
竹内雄二

写真
アフロ、朝日新聞フォトアーカイブ、産経ビジュアル

ISBN978-4-584-13998-1 C0095